MÉMOIRES

PUBLIÉS

PAR LES MEMBRES

DE

L'INSTITUT FRANÇAIS D'ARCHÉOLOGIE ORIENTALE

DU CAIRE

SOUS LA DIRECTION DE M. É. CHASSINAT

TOME QUINZIÈME

LE

TOMBEAU DE RAMSÈS IX

PAR

M. FÉLIX GUILMANT

LE CAIRE

IMPRIMERIE DE L'INSTITUT FRANÇAIS

D'ARCHÉOLOGIE ORIENTALE

1907

MÉMOIRES

PAR LES MEMBRES

DE

L'INSTITUT FRANÇAIS D'ARCHÉOLOGIE ORIENTALE

DU CAIRE

TOME QUINZIÈME

MINISTÈRE DE L'INSTRUCTION PUBLIQUE ET DES BEAUX-ARTS

MÉMOIRES

PUBLIÉS

PAR LES MEMBRES

DE

L'INSTITUT FRANÇAIS D'ARCHÉOLOGIE ORIENTALE

DU CAIRE

SOUS LA DIRECTION DE M. É. CHASSINAT

TOME QUINZIÈME

LE CAIRE

IMPRIMERIE DE L'INSTITUT FRANÇAIS

D'ARCHÉOLOGIE ORIENTALE

1907

LE

TOMBEAU DE RAMSÈS IX

PAR

M. FÉLIX GUILMANT

TABLE DES PLANCHES.

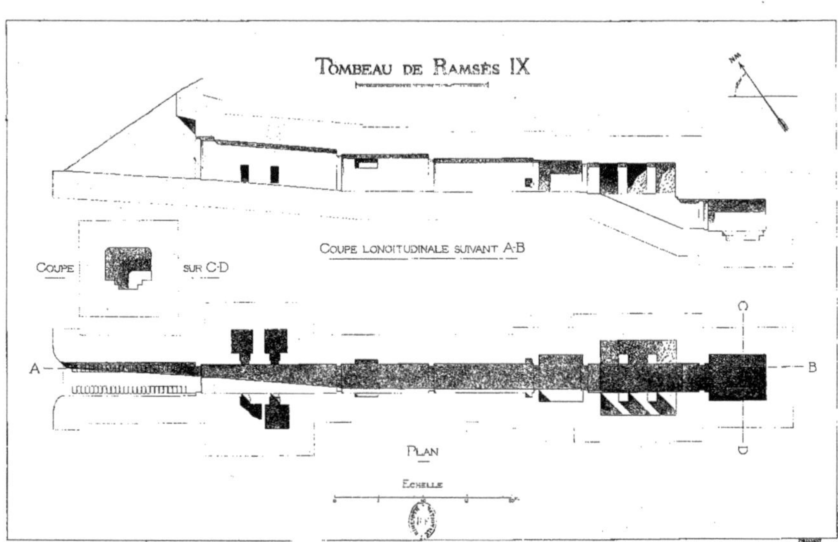

Plan et coupes du tombeau.

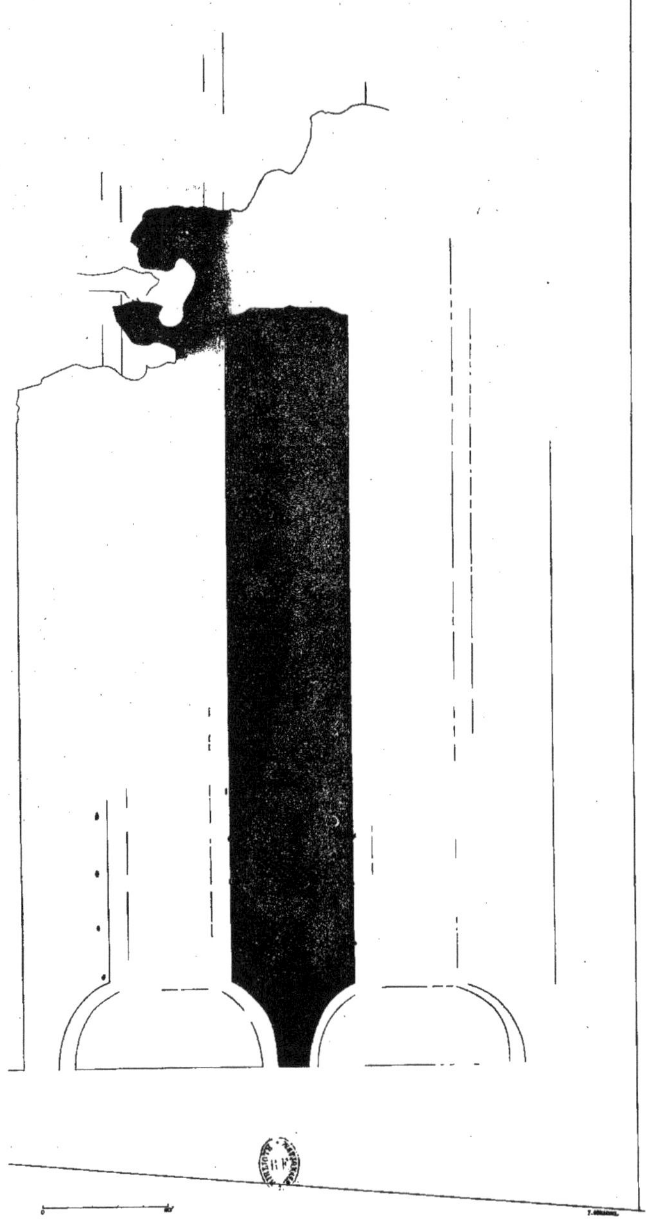

Couloir extérieur. Paroi gauche.

Couloir extérieur. Paroi droite.

Porte d'entrée. Dessus et linteau.

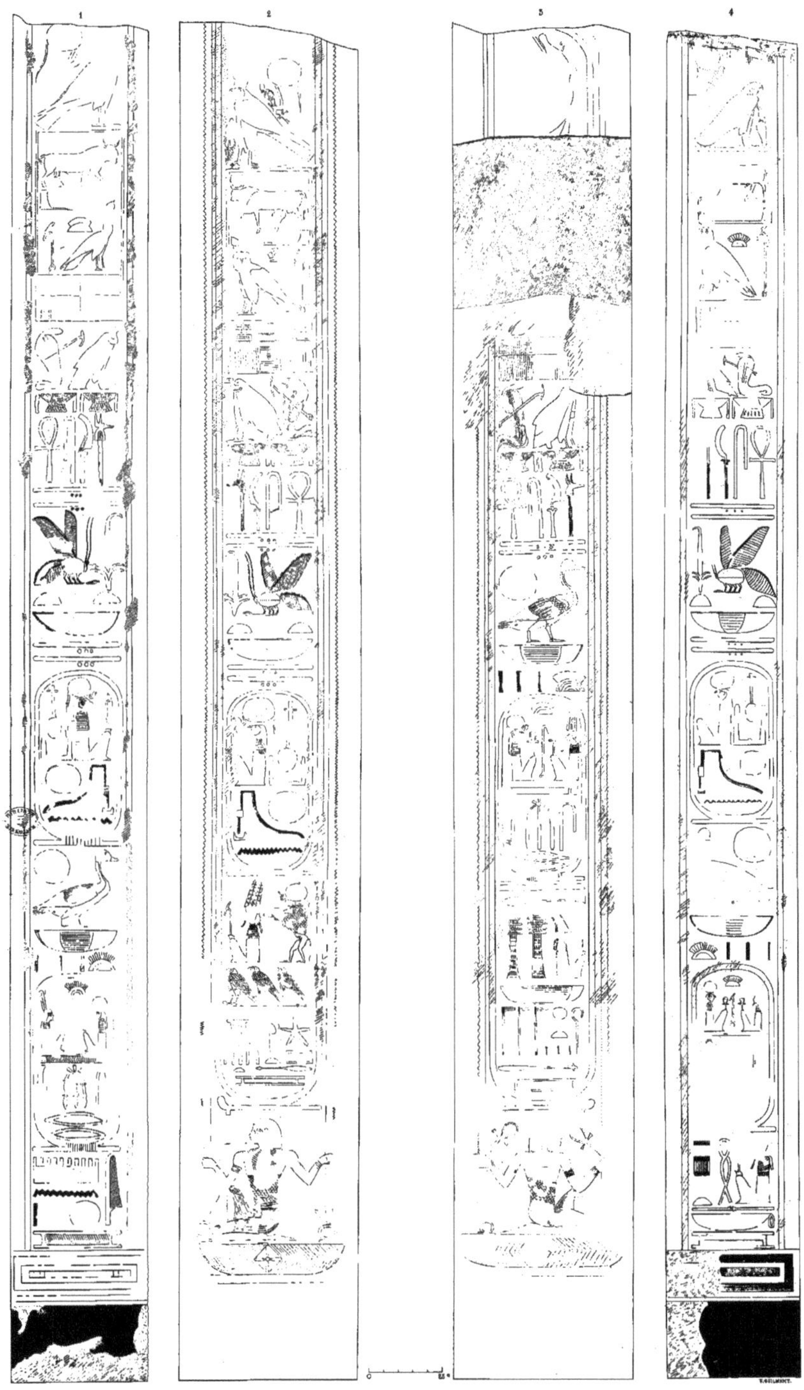

Porte d'entrée. Montants de gauche (1, 2) et de droite (3, 4).

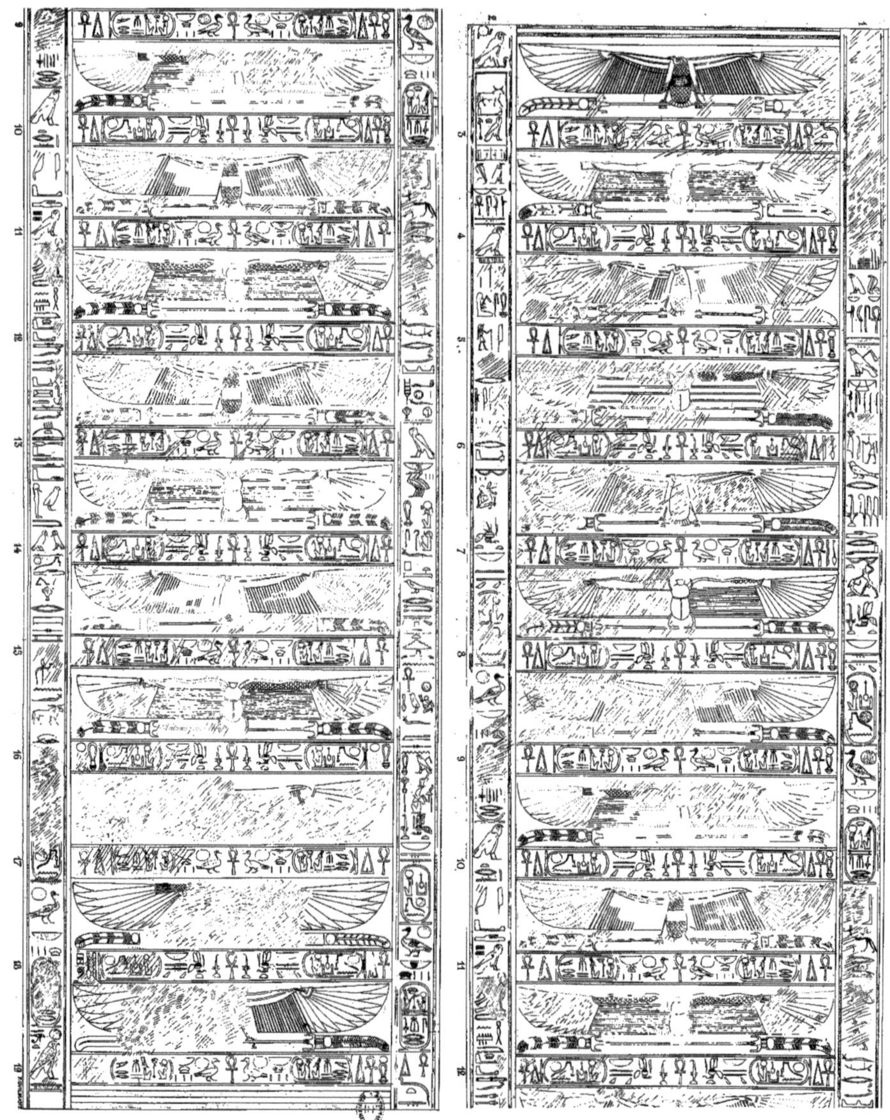

Premier couloir. Plafond.

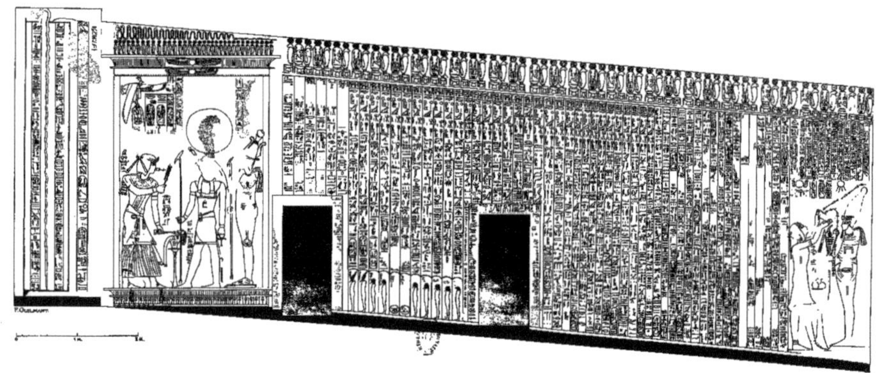

Premier couloir. Paroi gauche. Dessin d'ensemble.

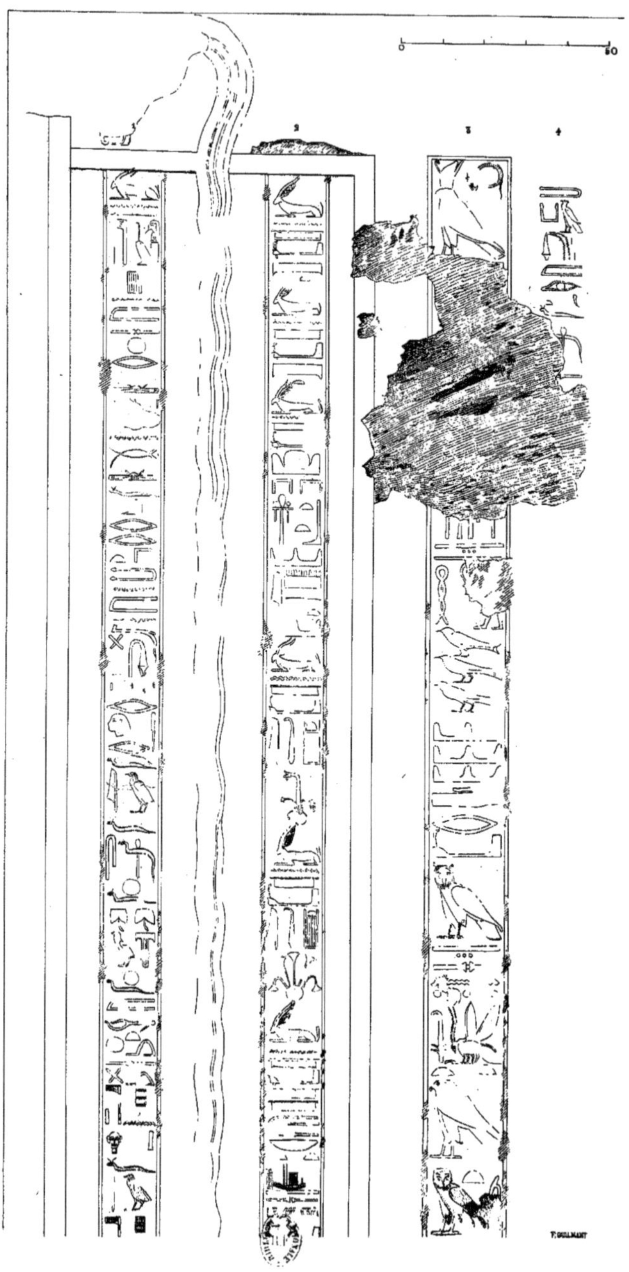

Premier couloir. Paroi gauche. Détails.

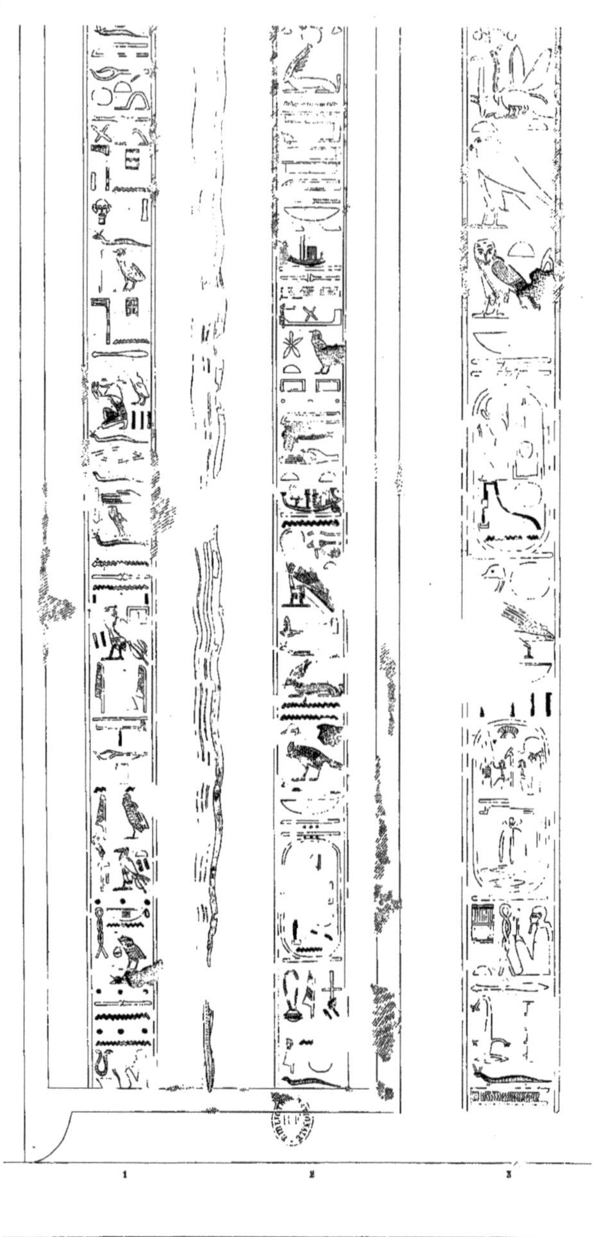

F. GUILMANT.

Premier couloir. Paroi gauche. Détails.

Premier couloir. Paroi gauche. Détails.

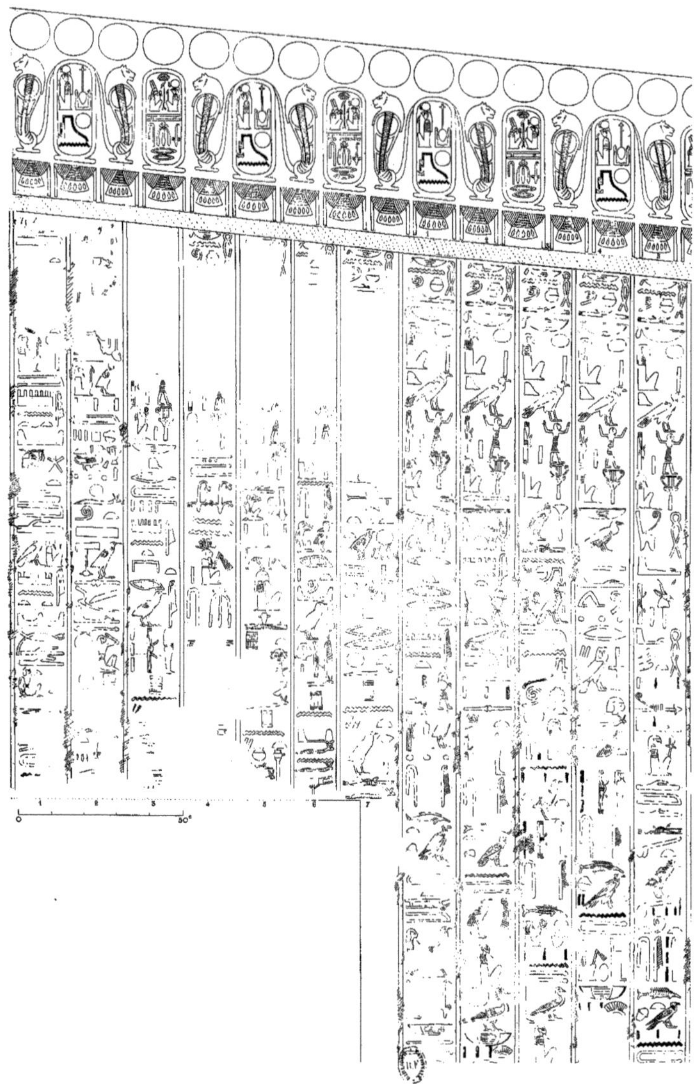

Premier couloir. Paroi gauche. Détails.

Premier couloir. Paroi gauche. Moitié.

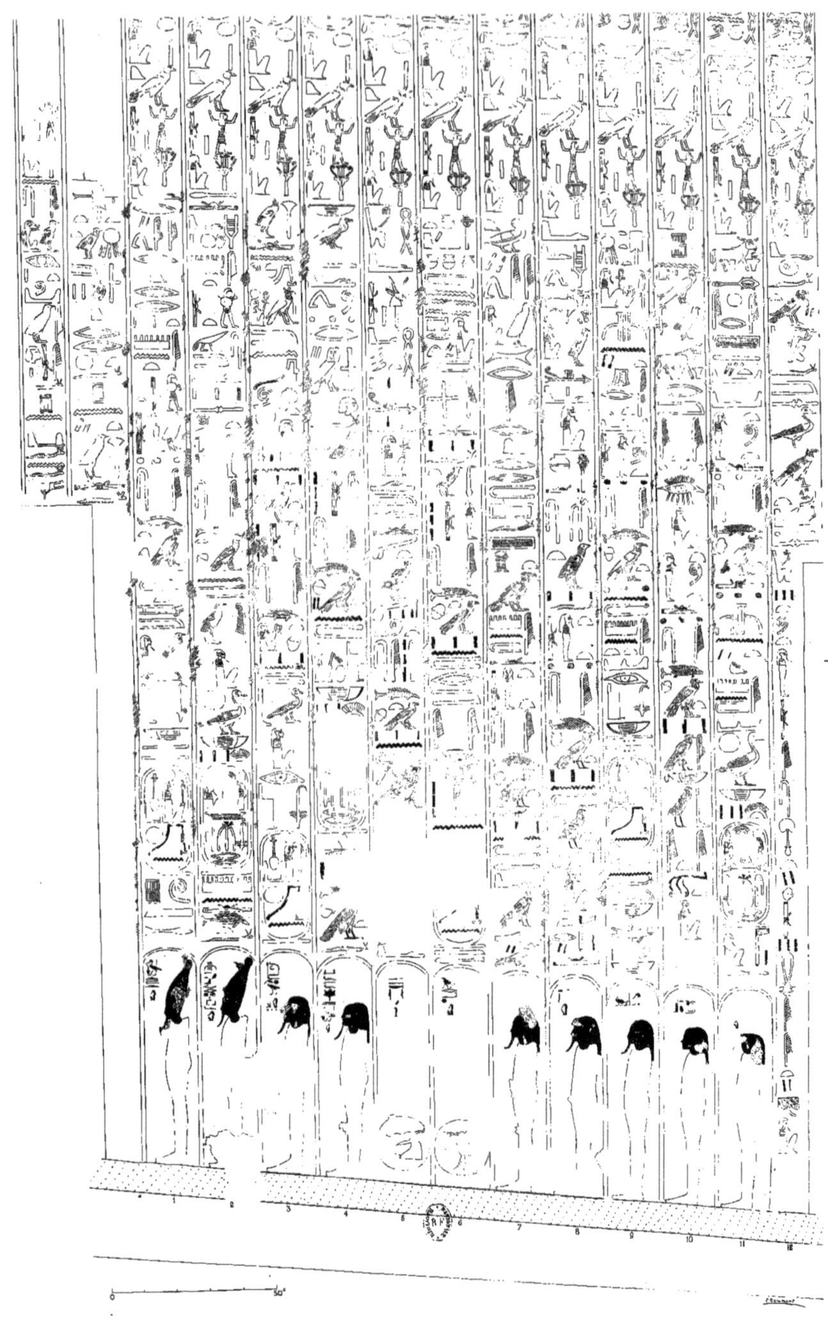

Premier couloir. Paroi gauche. Détails.

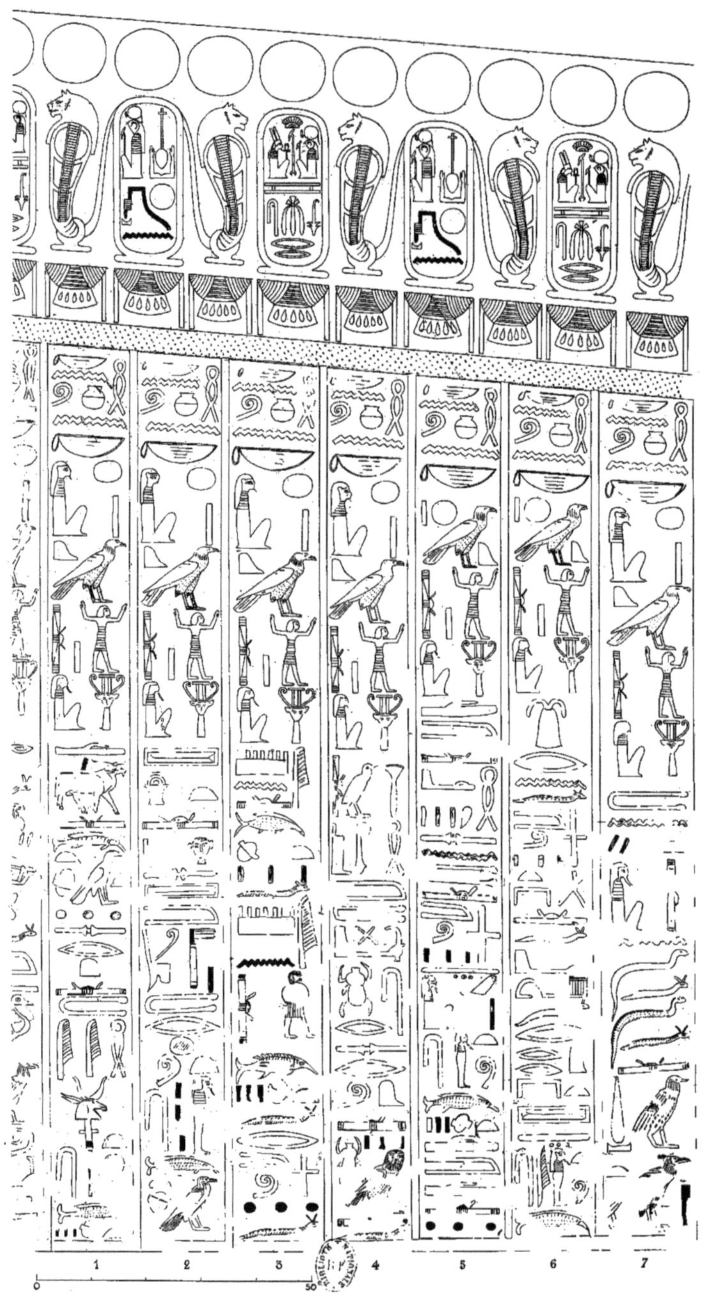

Premier couloir. Paroi gauche. Détails.

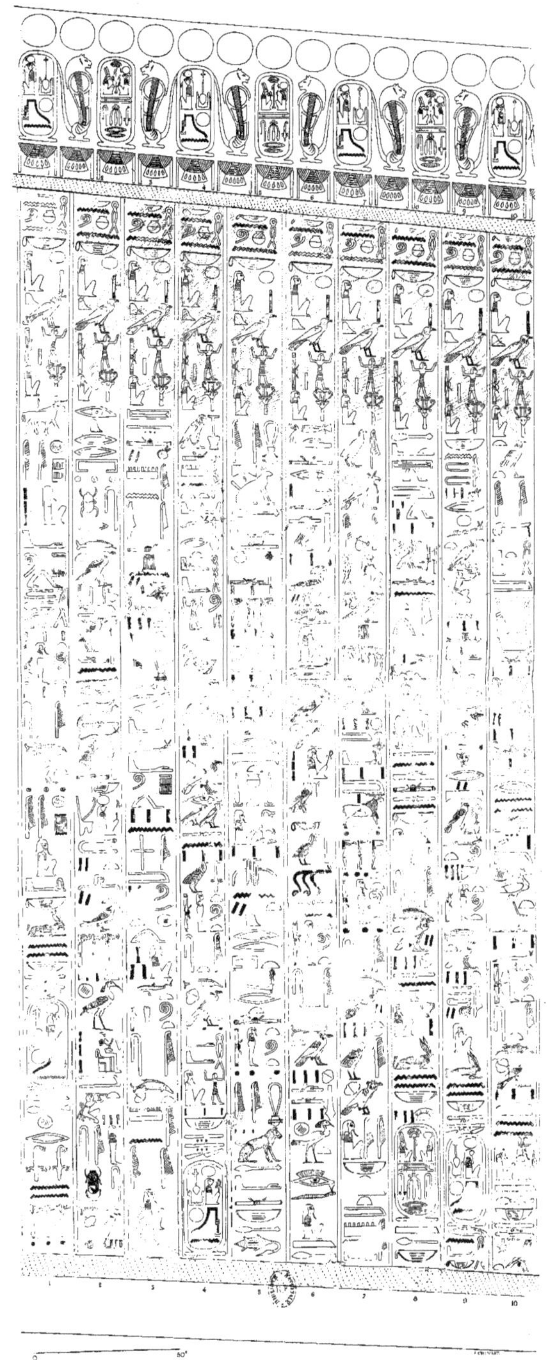

Premier couloir. Paroi gauche. Détails.

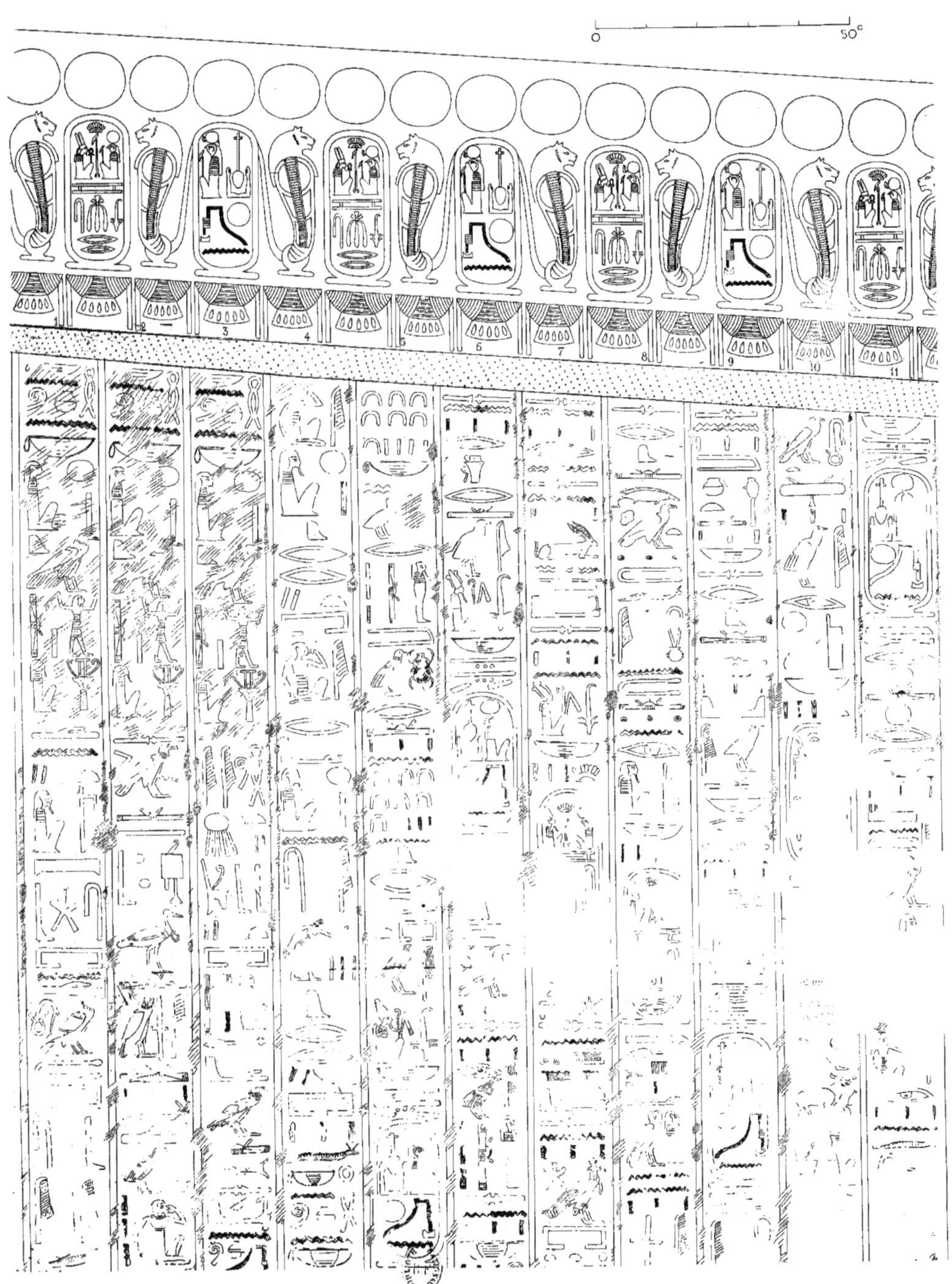

Premier couloir. Paroi gauche. Détails.

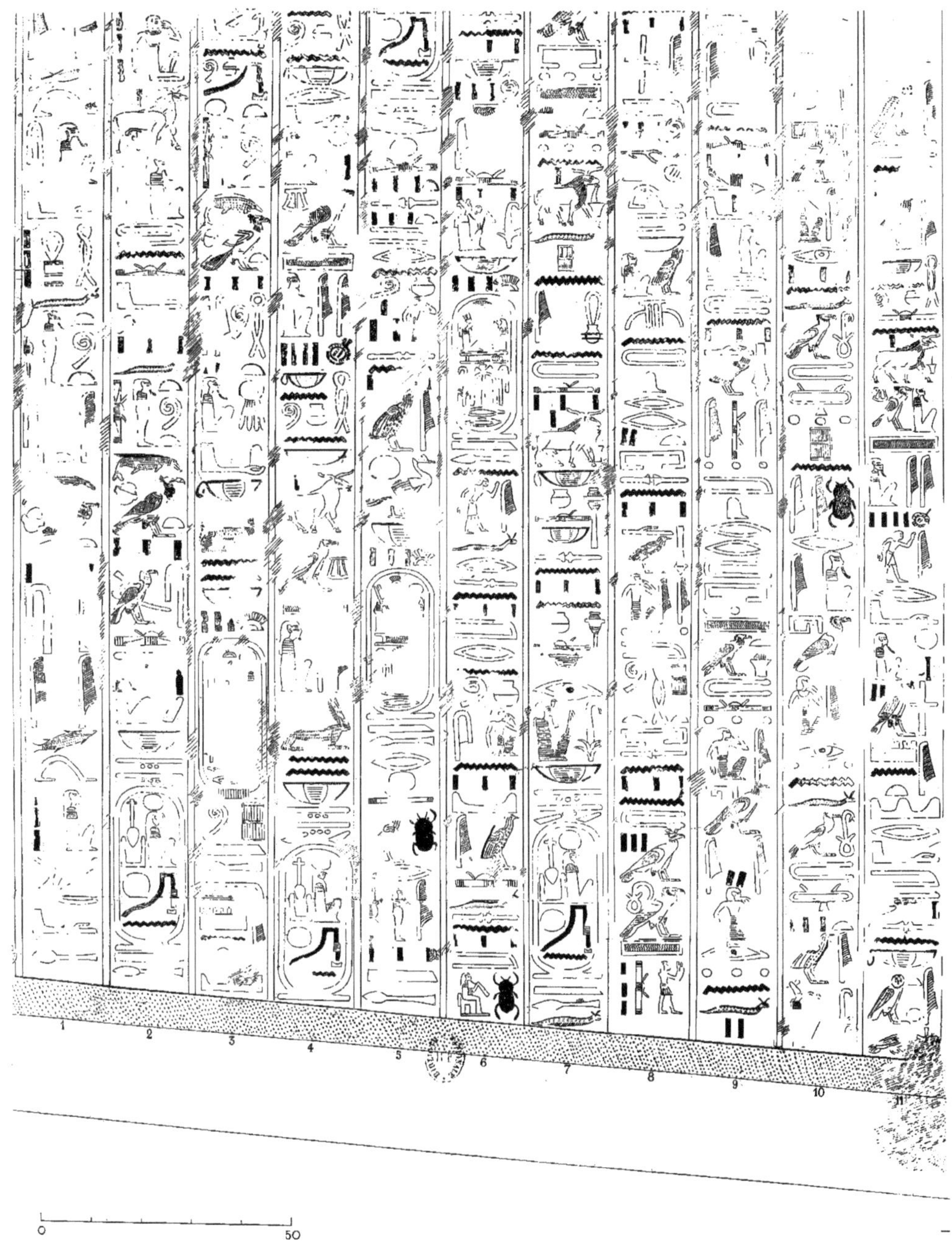

Premier couloir. Paroi gauche. Détails.

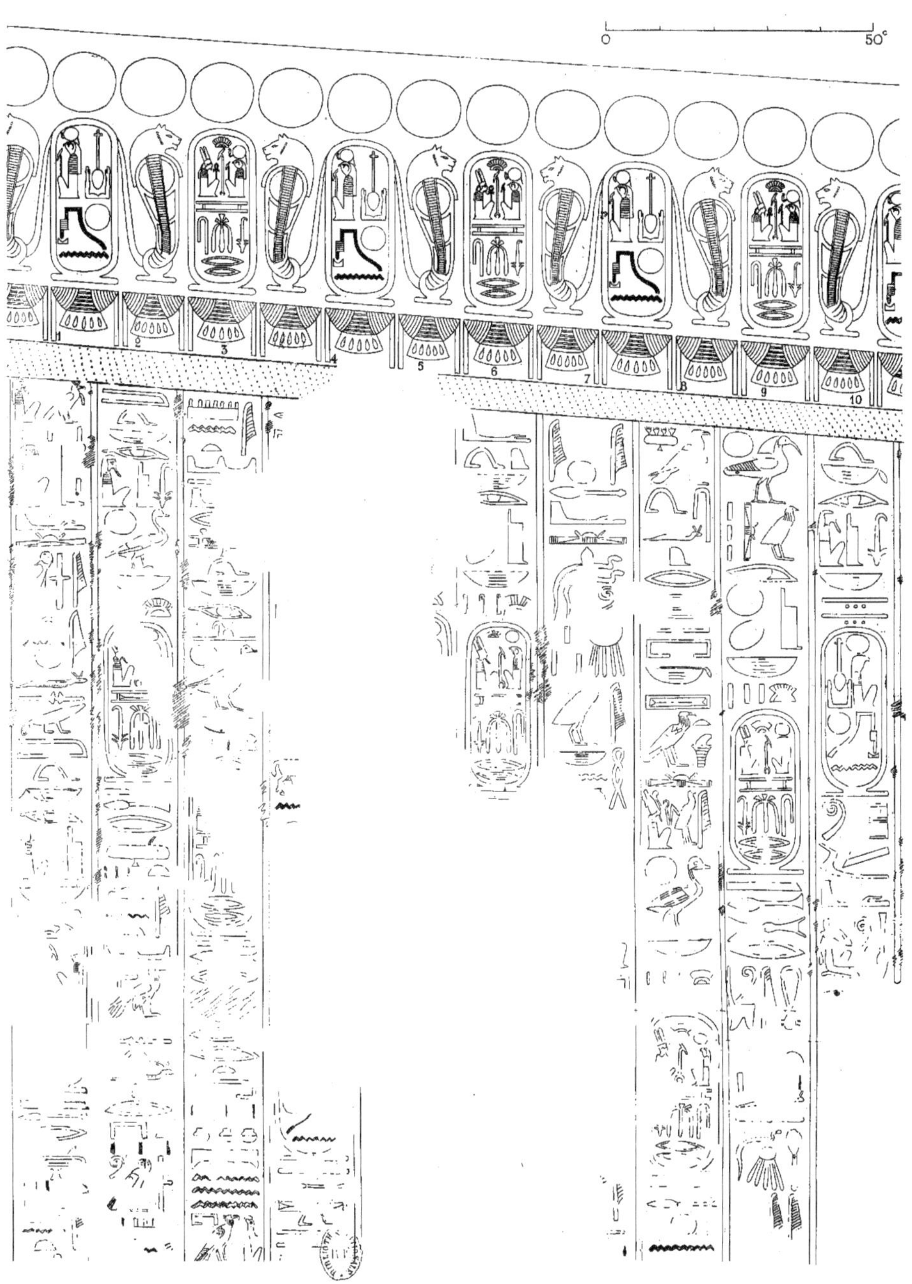

Premier couloir. Paroi gauche. Détails.

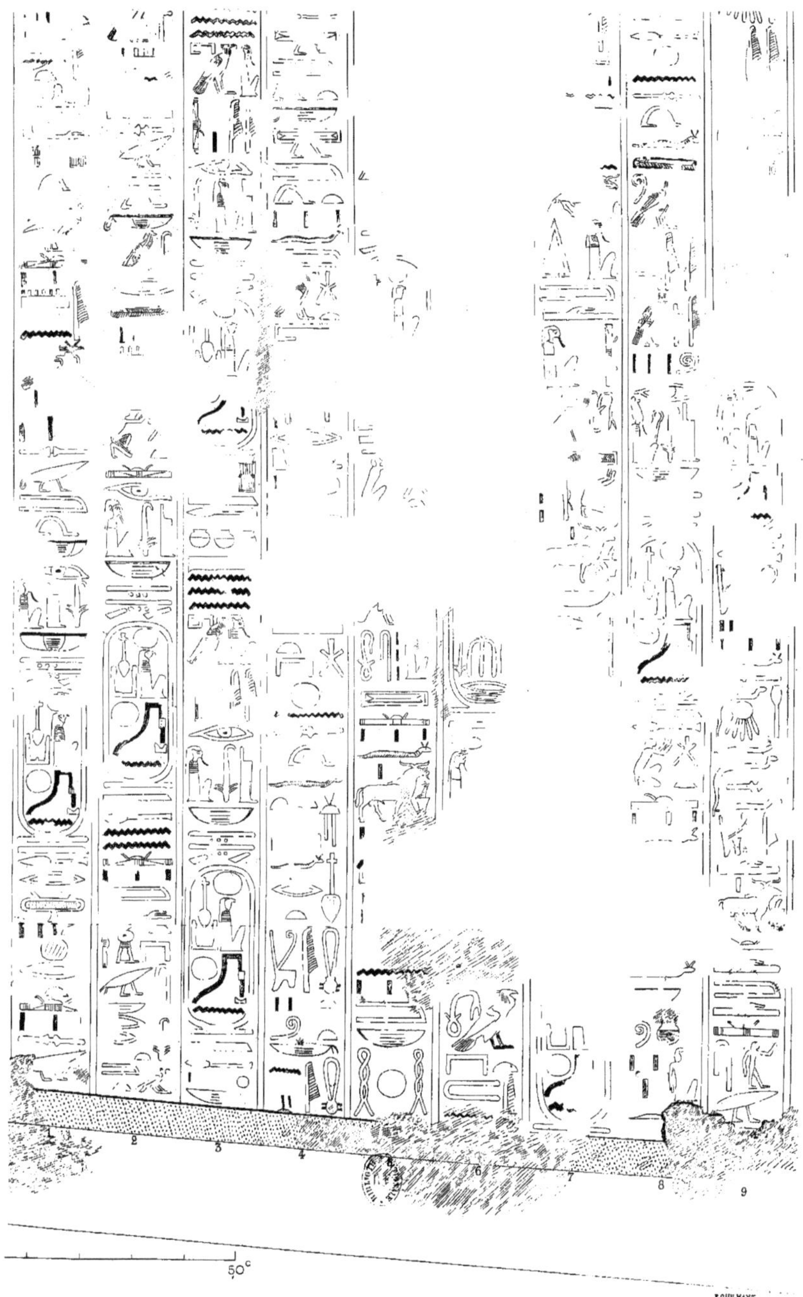

Premier couloir. Paroi gauche. Détails.

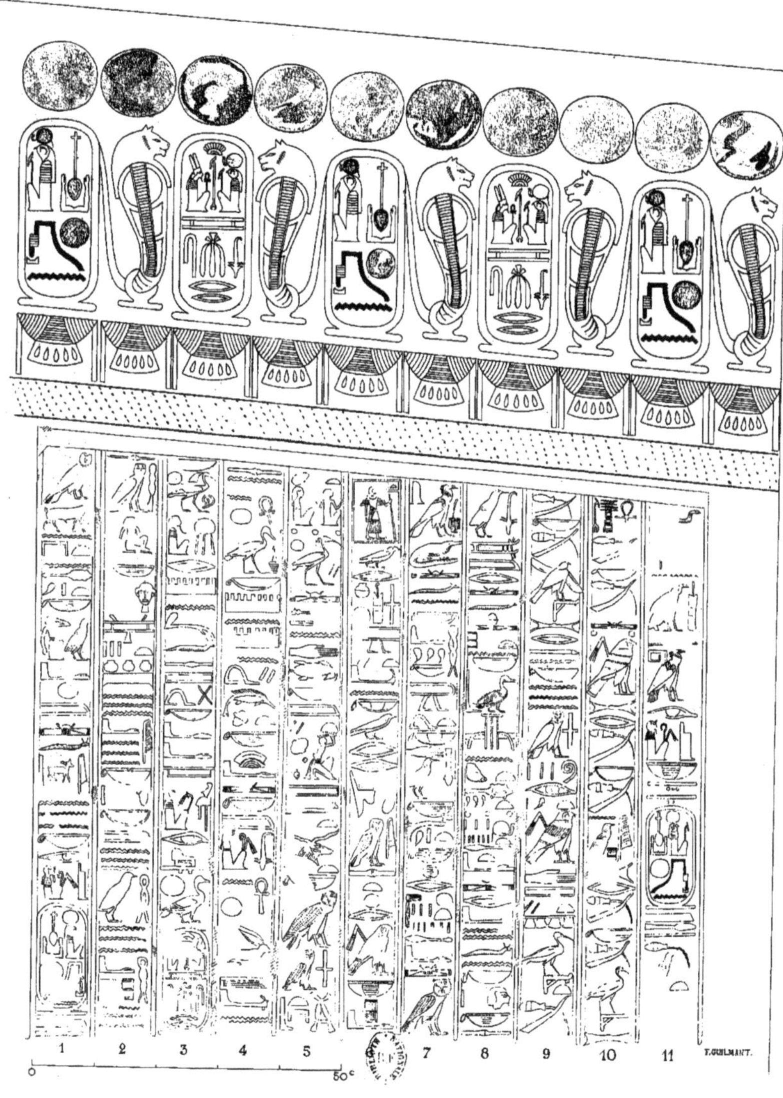

Premier couloir. Paroi gauche. Détails.

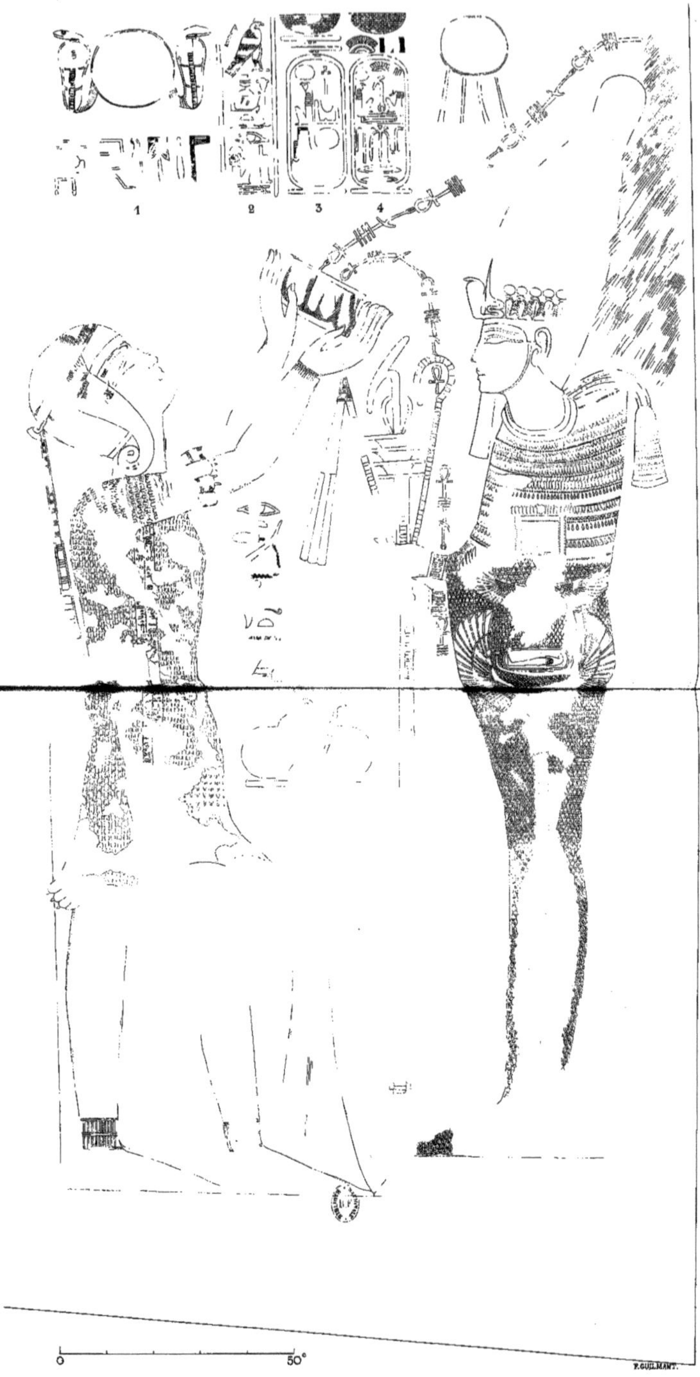

Premier couloir. Paroi gauche. Détails.

0   50°

E. GUILLMANT.

Premier couloir. Paroi gauche.
Porte de la première chambre latérale.

Premier couloir. Paroi gauche.
Porte de la seconde chambre latérale.

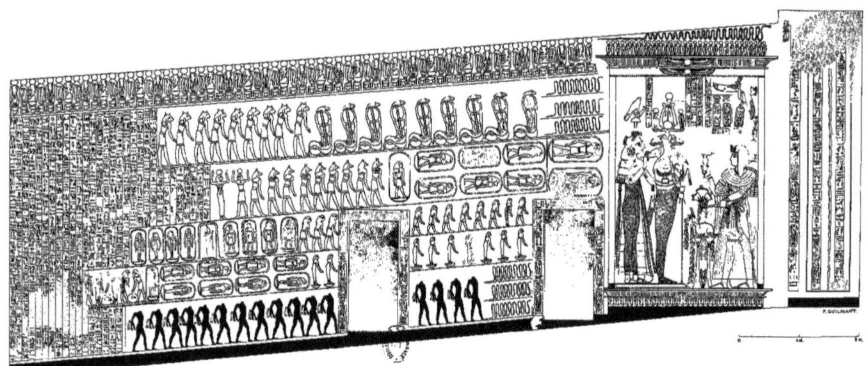

Premier couloir. Paroi droite. Dessin d'ensemble.

Premier couloir. Paroi droite. Détails.

Premier couloir. Paroi droite. Détails.

Premier couloir. Paroi droite. Détails.

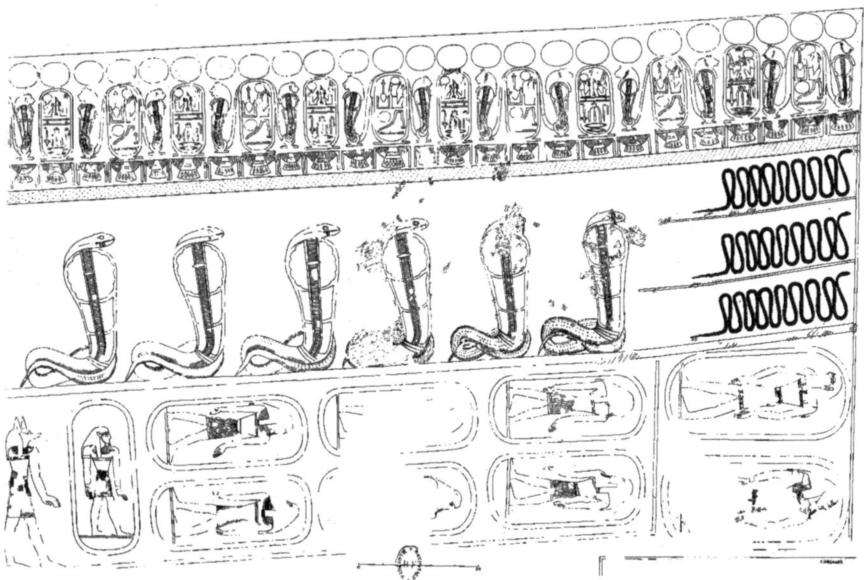

Premier couloir. Paroi droite. Details.

Premier couloir. Paroi droite. Détails.

Premier couloir. Paroi droite. Détails.

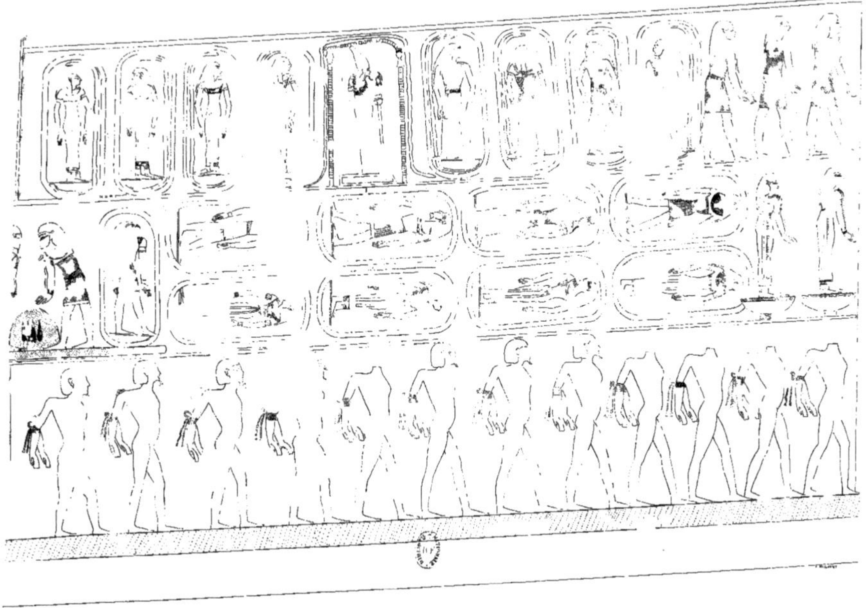

Premier couloir. Paroi droite. Détails.

Premier couloir. Paroi droite. Détails.

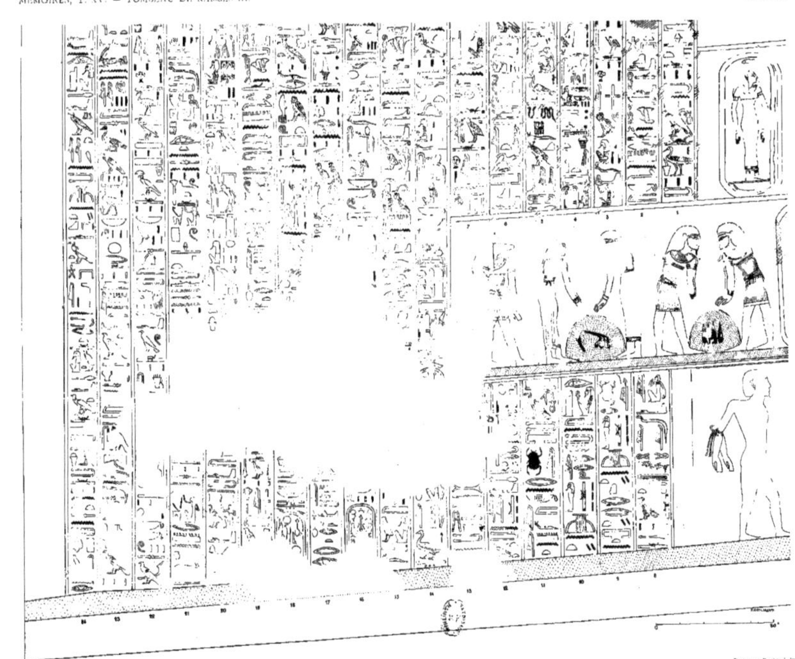

Premier couloir. Paroi droite. Détails.

Premier couloir. Paroi droite.
Porte de la première chambre latérale.

Premier couloir. Paroi droite.
Porte de la seconde chambre latérale.

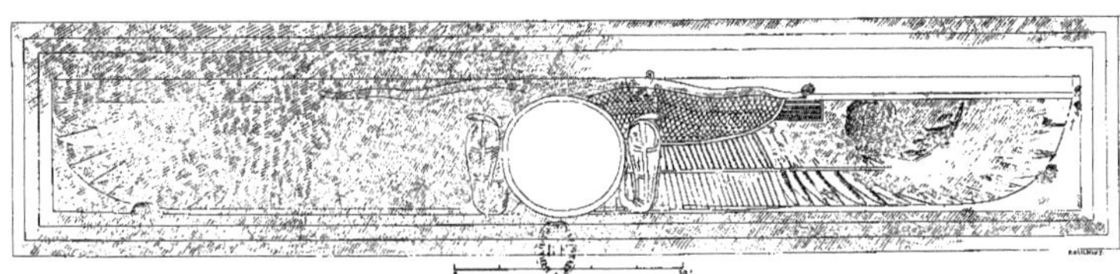

Porte du second couloir. Face et dessous du linteau.

Phototypie Berthaud, Paris

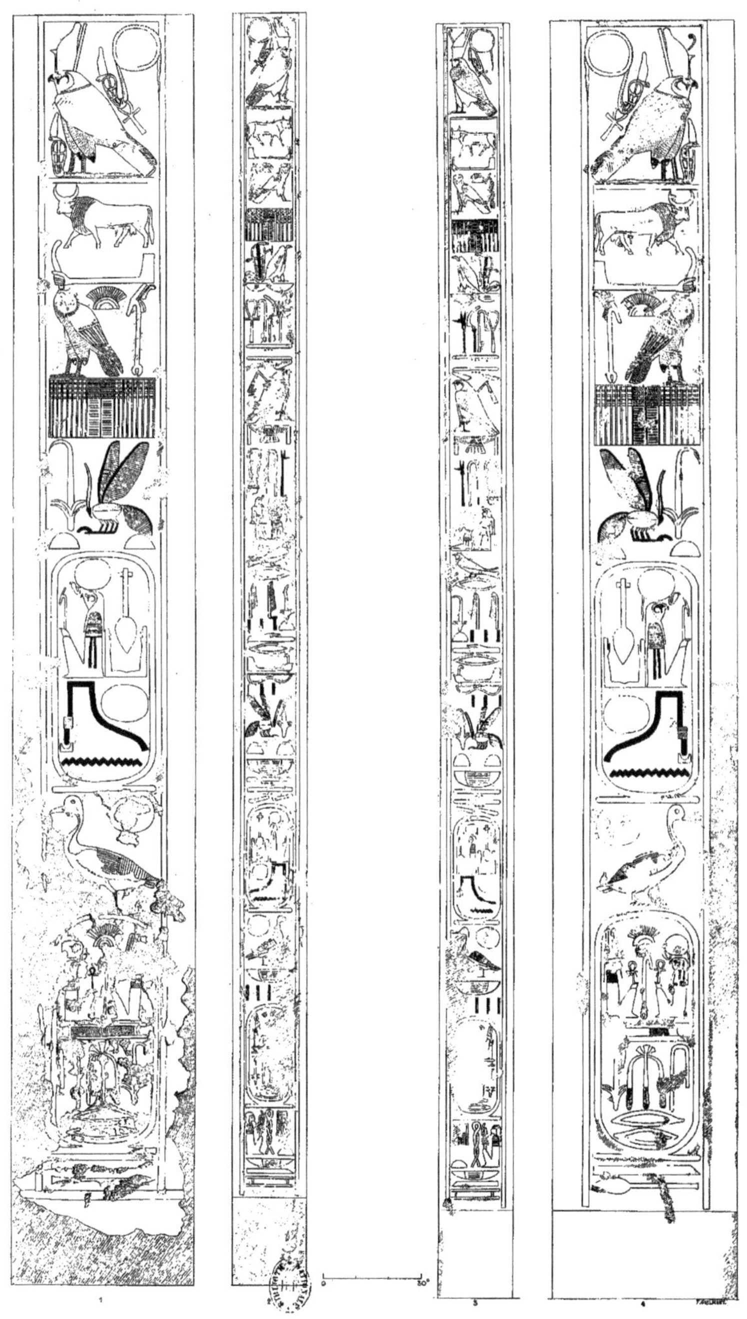

Porte du second couloir. Montants de gauche (1, 2) et de droite (3, 4).

Second couloir. Paroi gauche. Dessin d'ensemble.

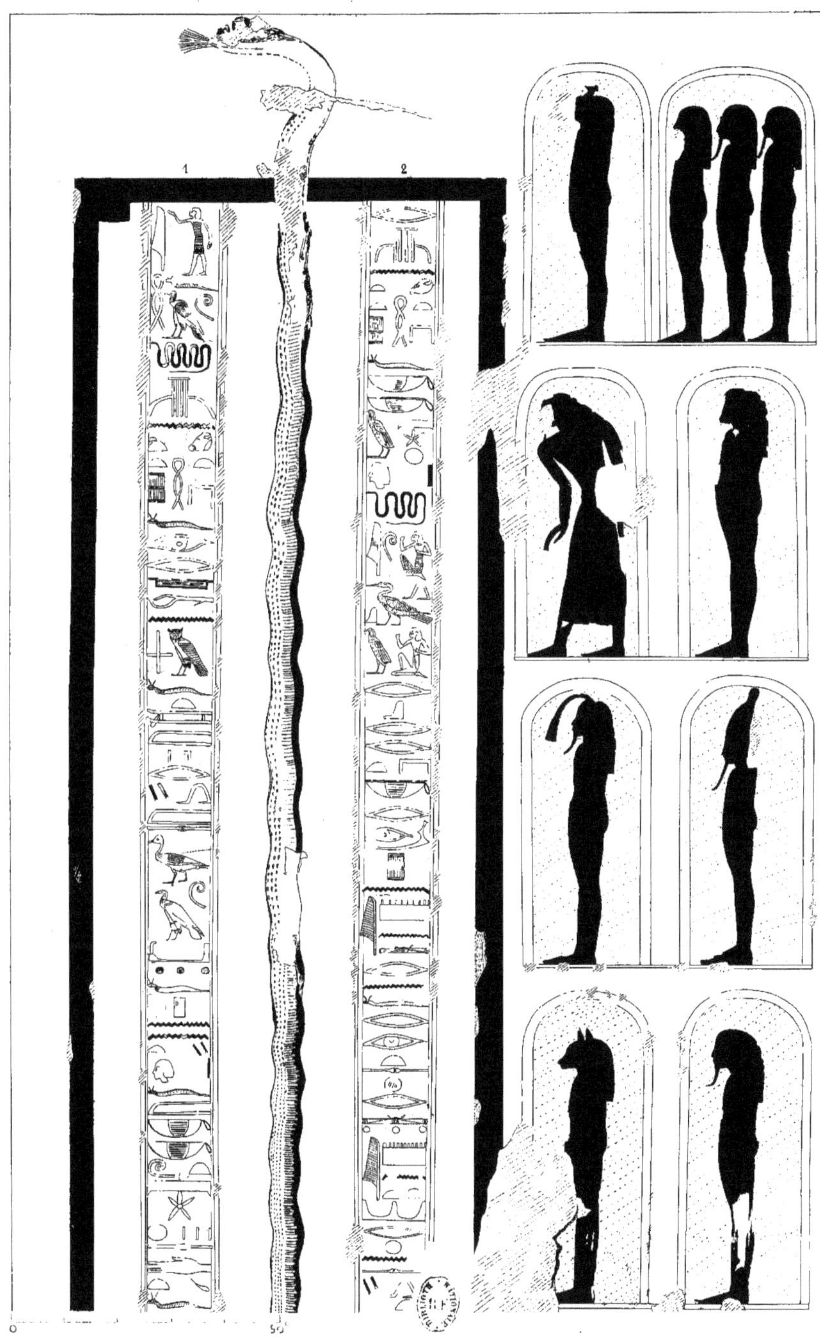

Second couloir. Paroi gauche. Détails.

Second couloir. Paroi gauche. Détails.

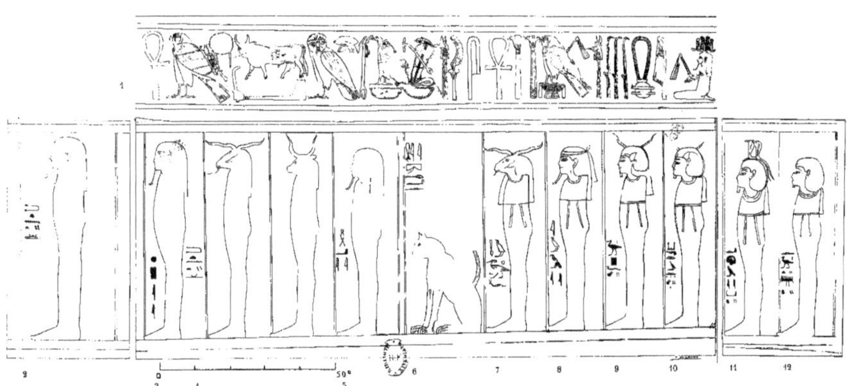

Second couloir. Paroi gauche. Détails.
Niche : paroi gauche (2), fond (3-10) et paroi droite (11-12).

Second couloir. Paroi gauche. Détails.

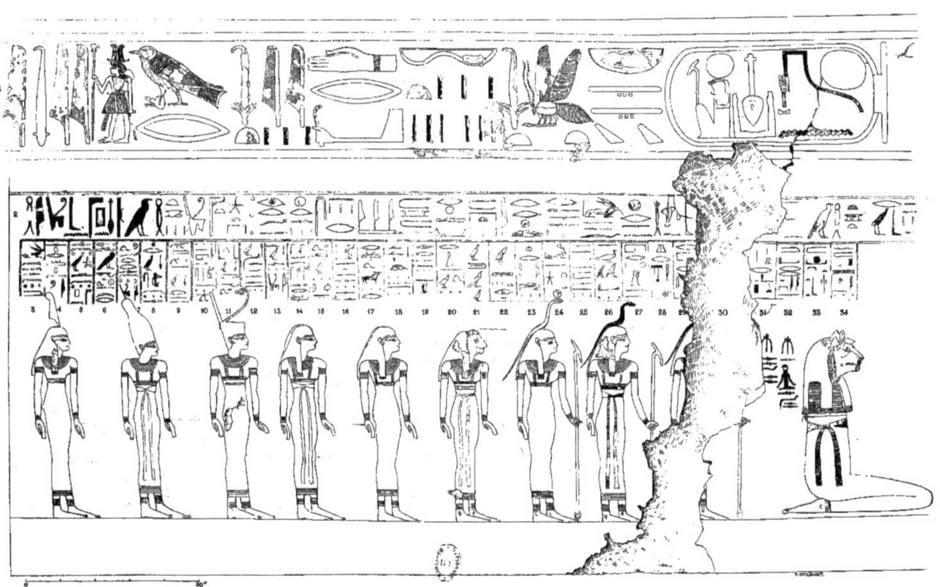

Second couloir. Paroi gauche. Détails.

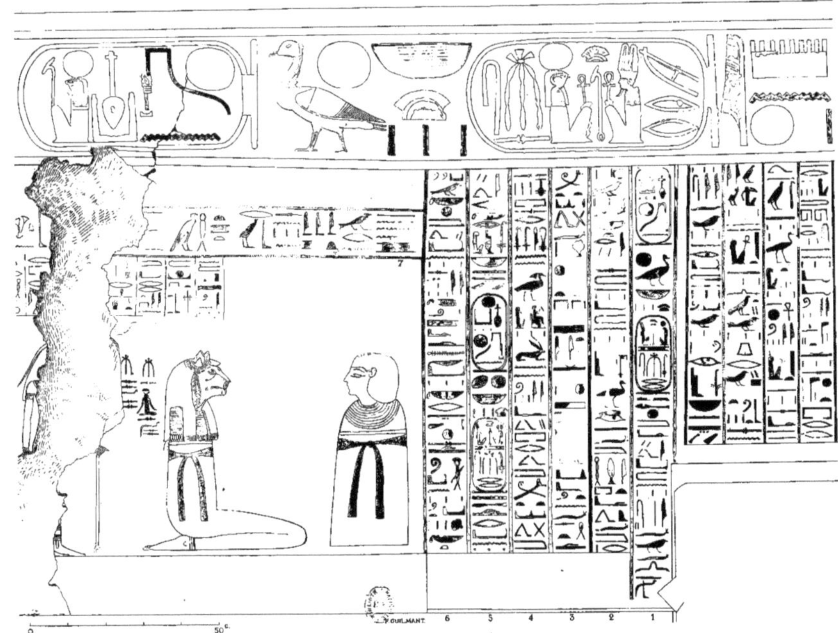

Second couloir. Paroi gauche. Détails.

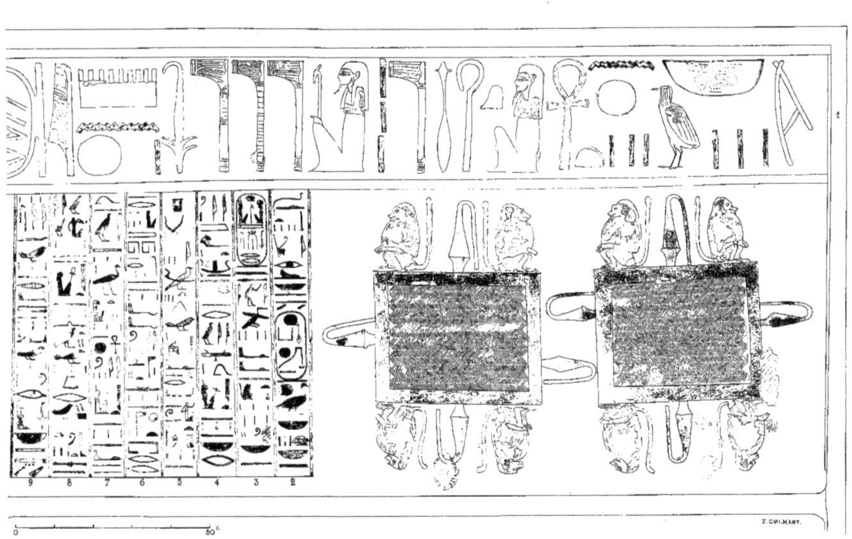

Second couloir. Paroi gauche. Détails.

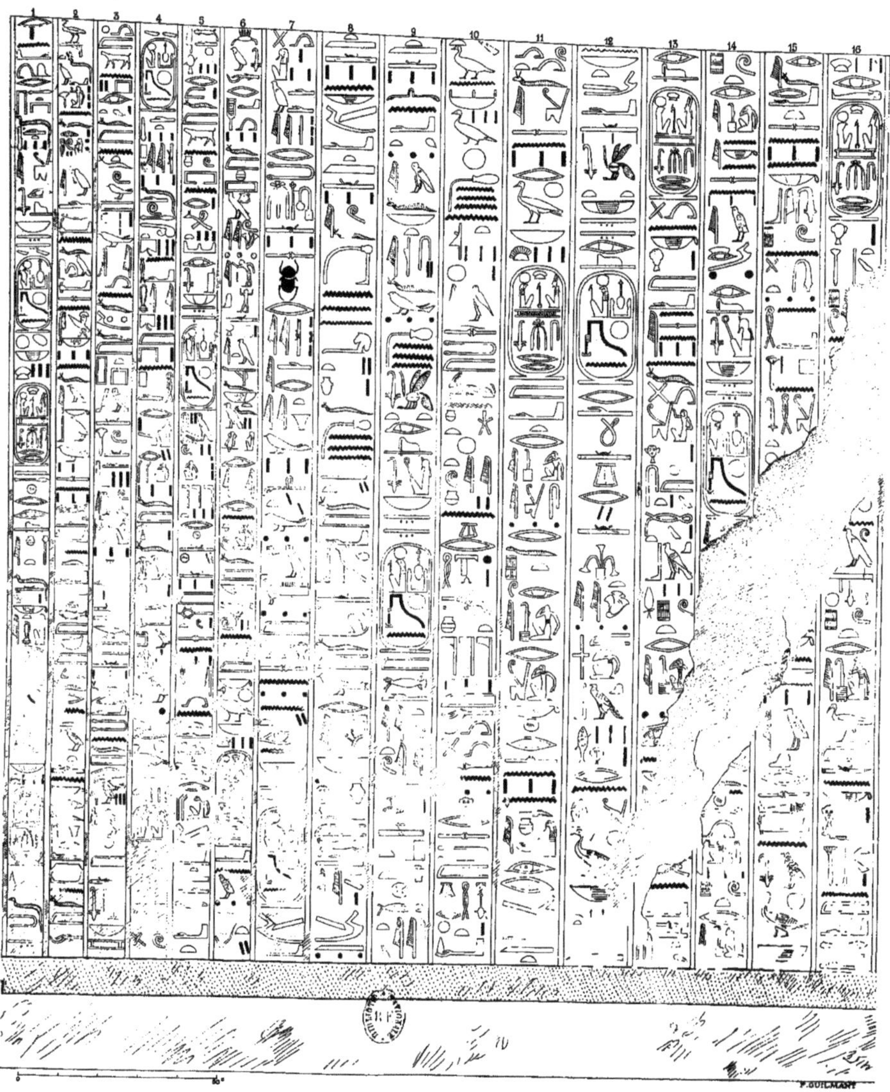

Second couloir. Paroi gauche. Détails.

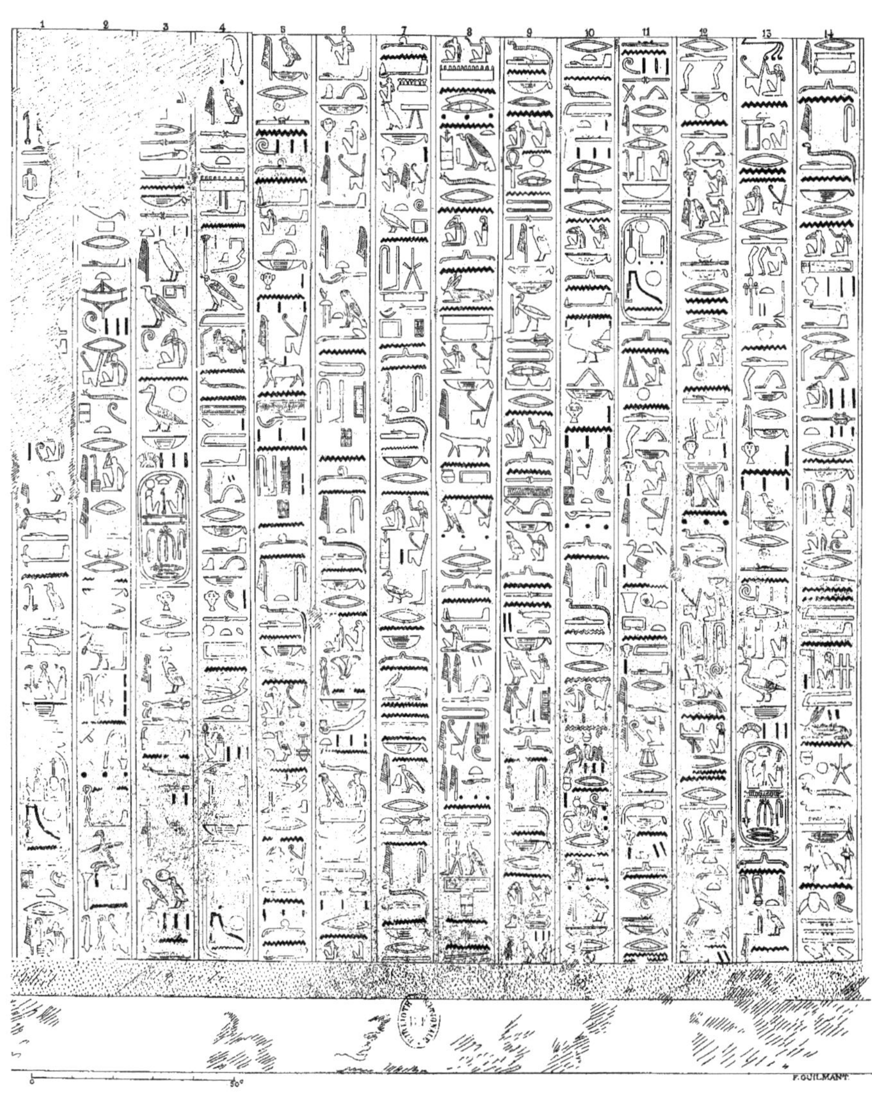

Second couloir. Paroi gauche. Détails.

Second couloir. Paroi gauche. Détails.

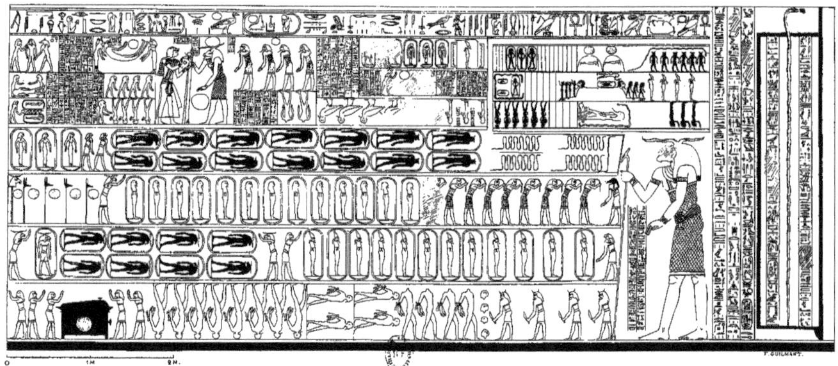

Second couloir. Paroi droite. Dessin d'ensemble

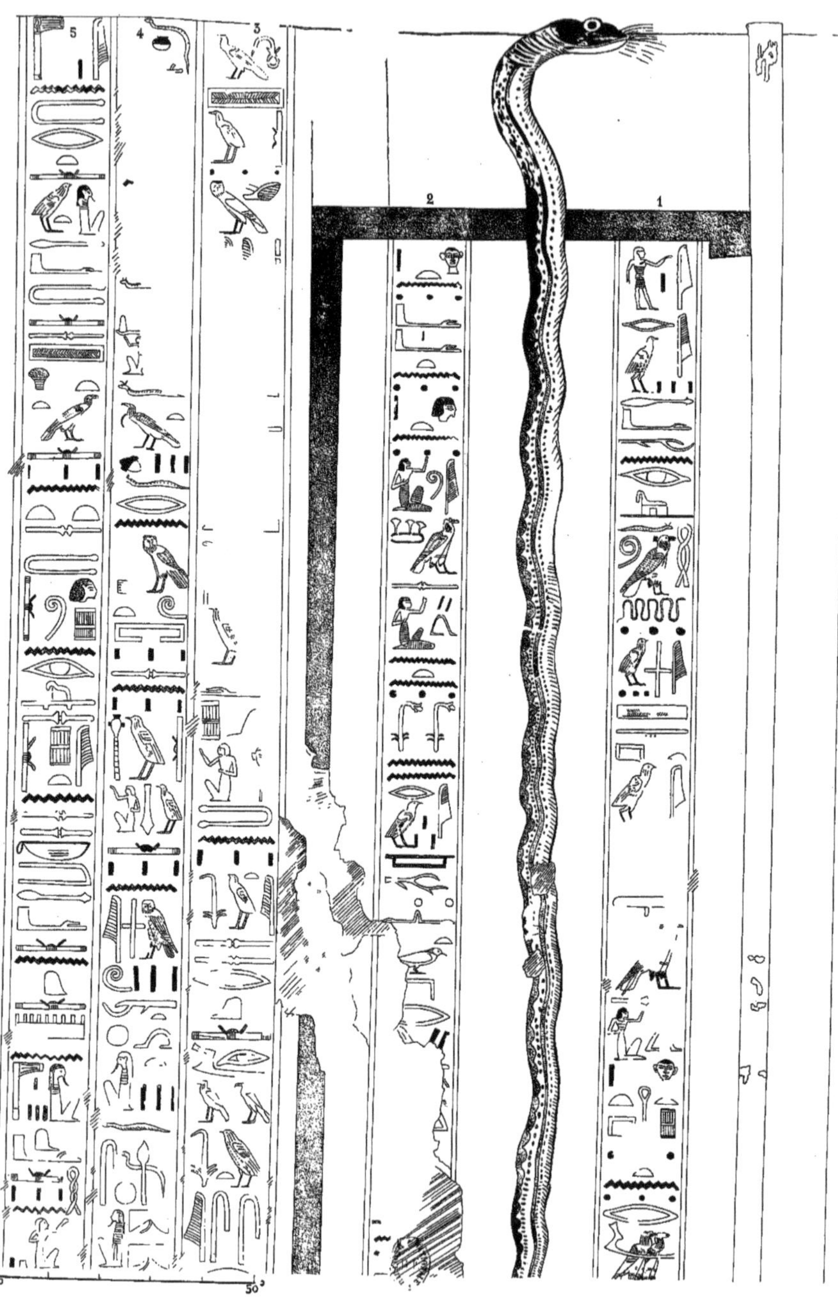

Second couloir. Paroi droite. Détails.

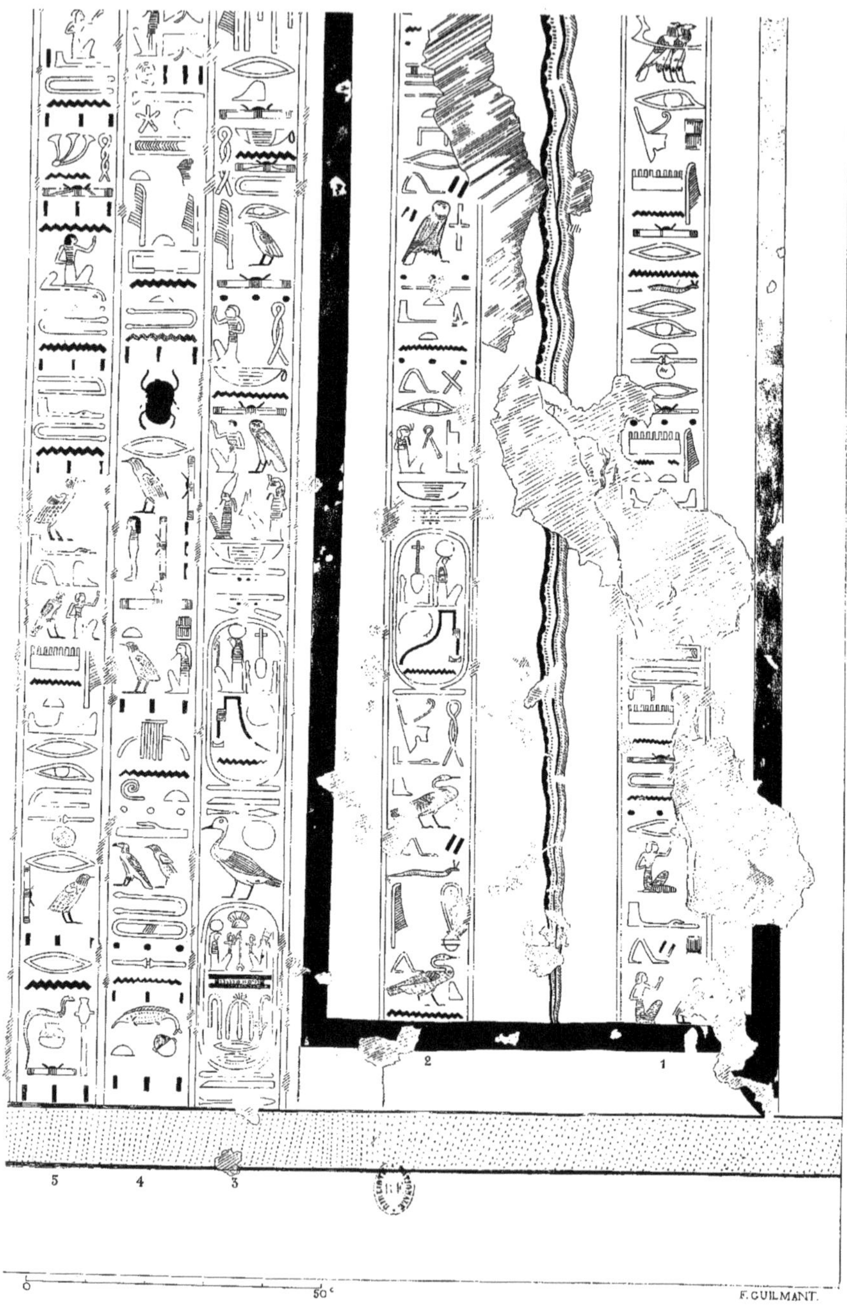

F. GUILMANT.

Second couloir. Paroi droite. Détails.

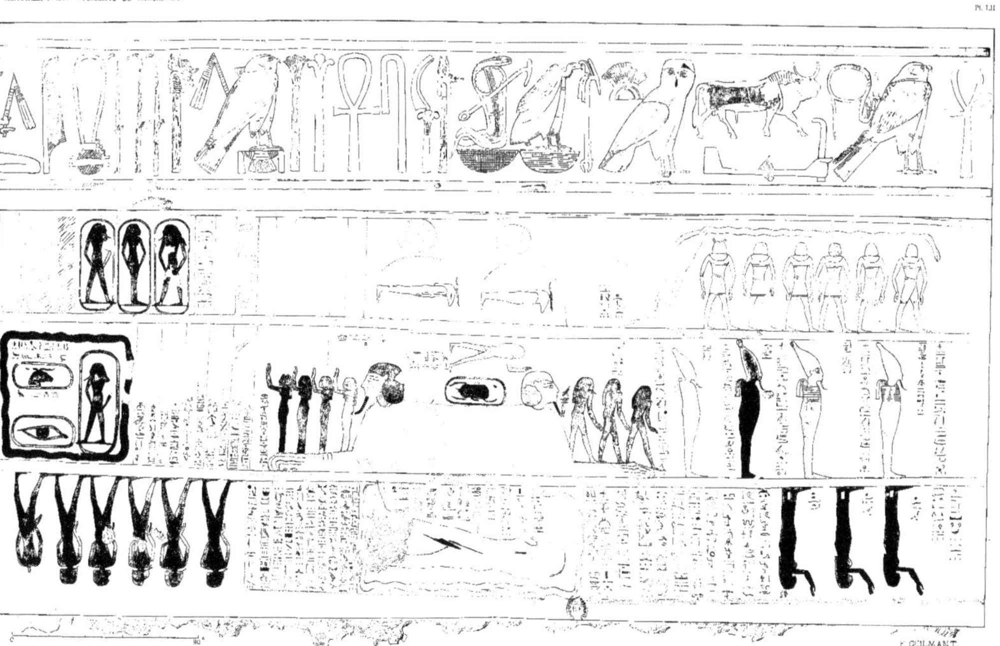

Second couloir. Paroi droite Deuxième. — Fond de la niche.

E. GUILMANT.

Second couloir. Paroi droite. Détails. — Paroi gauche et paroi droite de la niche.

Second couloir. Paroi droite. Détails.

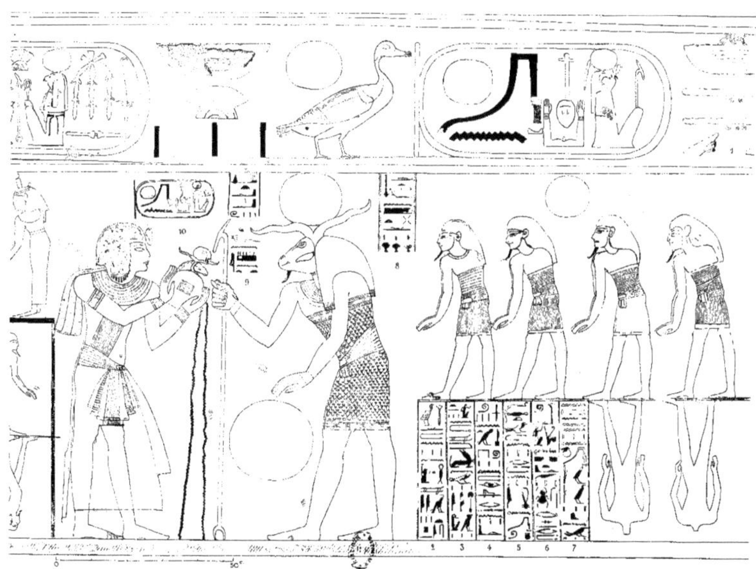

Second couloir. Paroi droite. Détails.

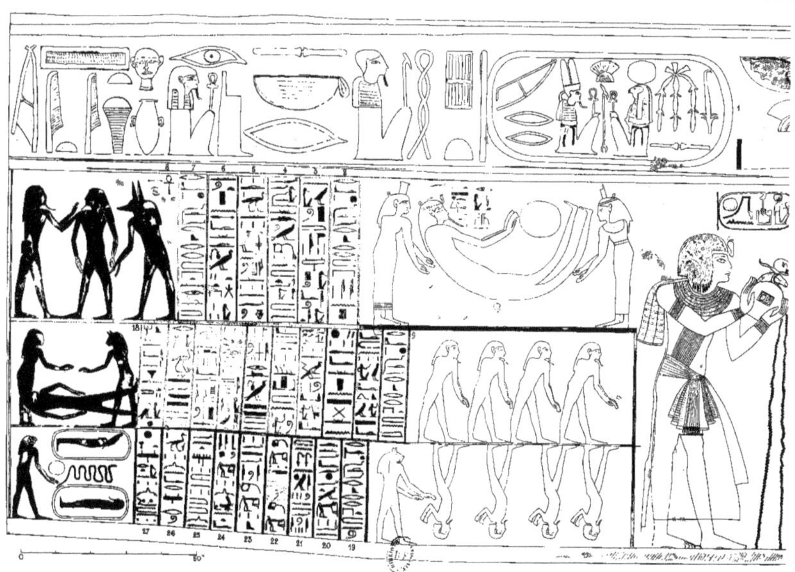

Second couloir. Paroi droite. Détails.

Second couloir. Paroi droite. Détails.

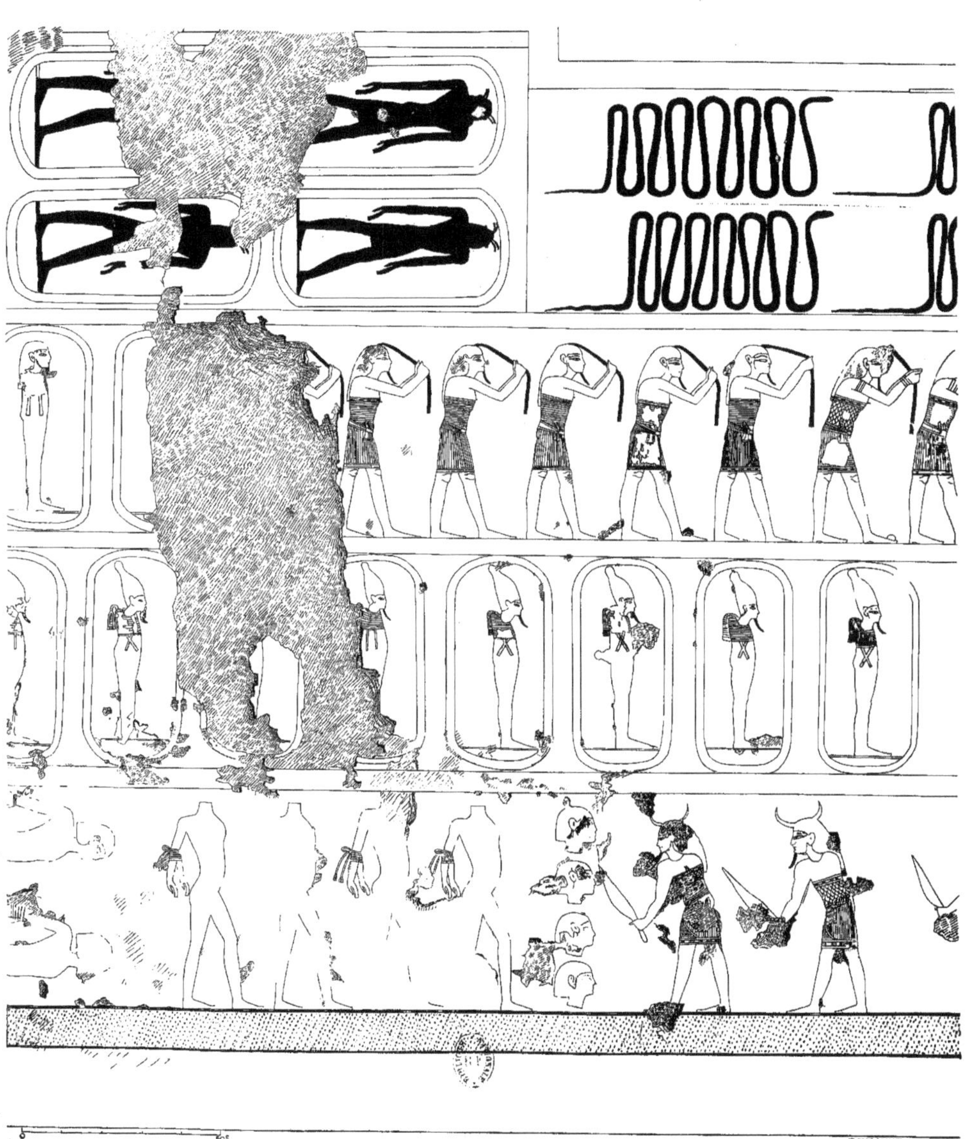

Second couloir. Paroi droite. Détails.

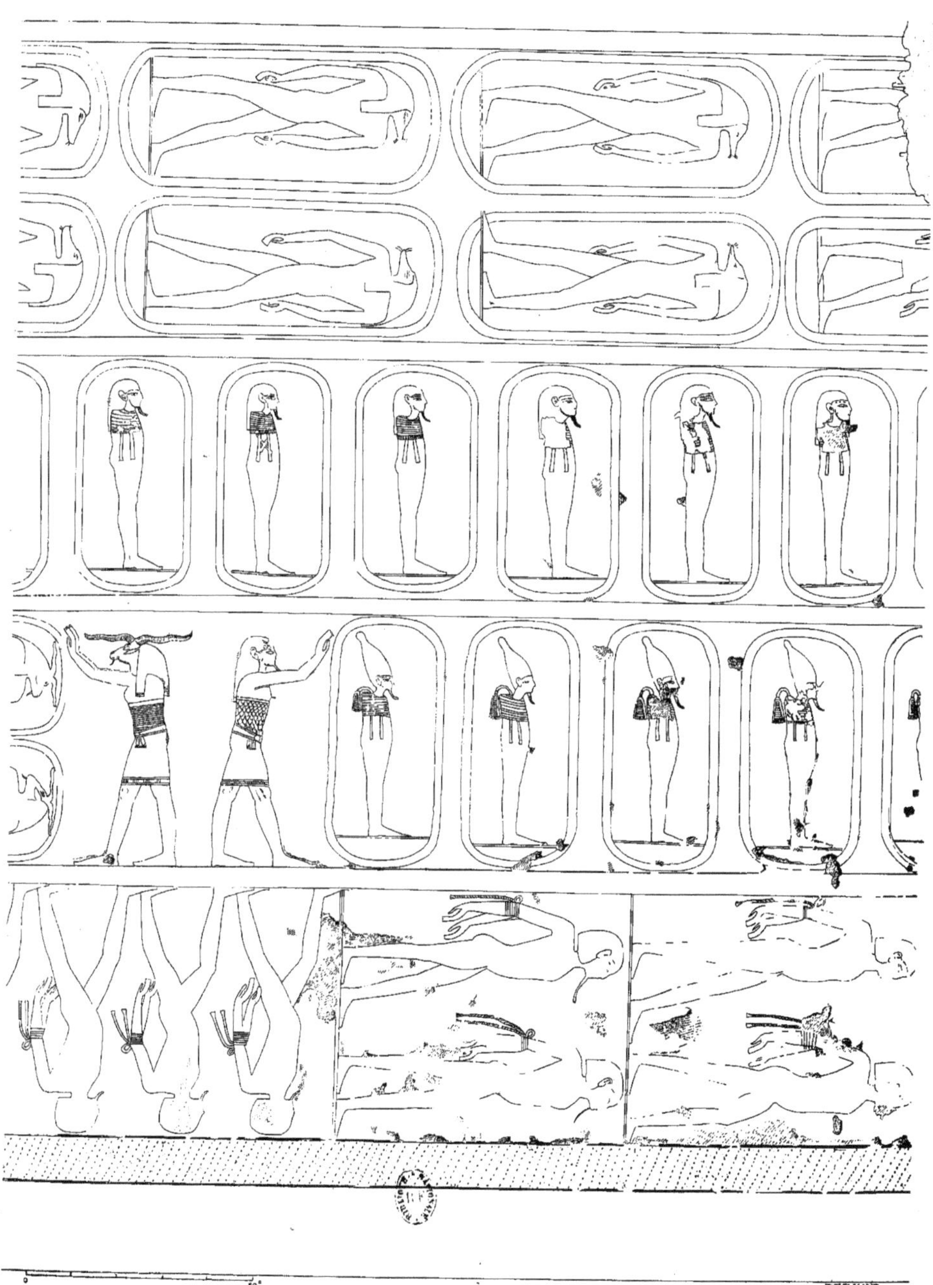

Second couloir. Paroi droite. Détails.

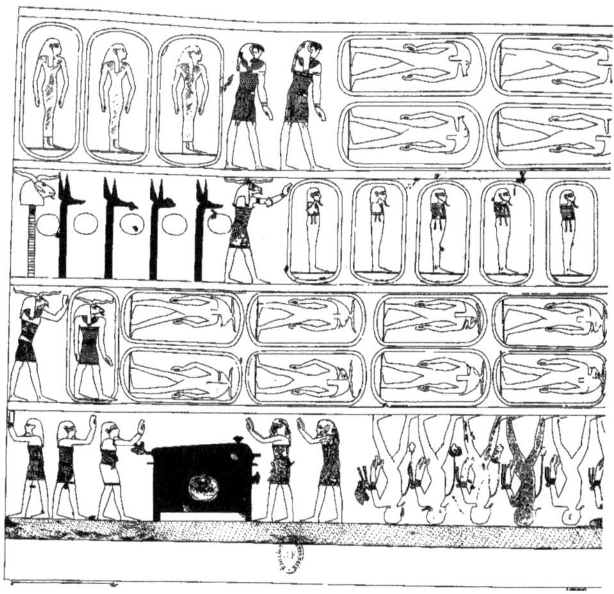

Second couloir. Paroi droite. Détails.

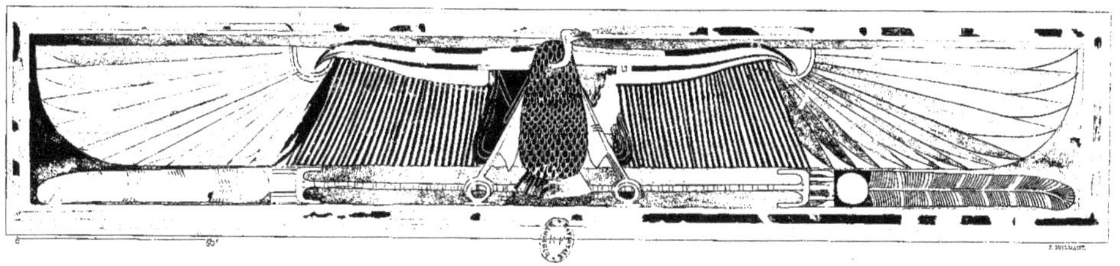

Porte du troisième couloir. Linteau et dessous du linteau.

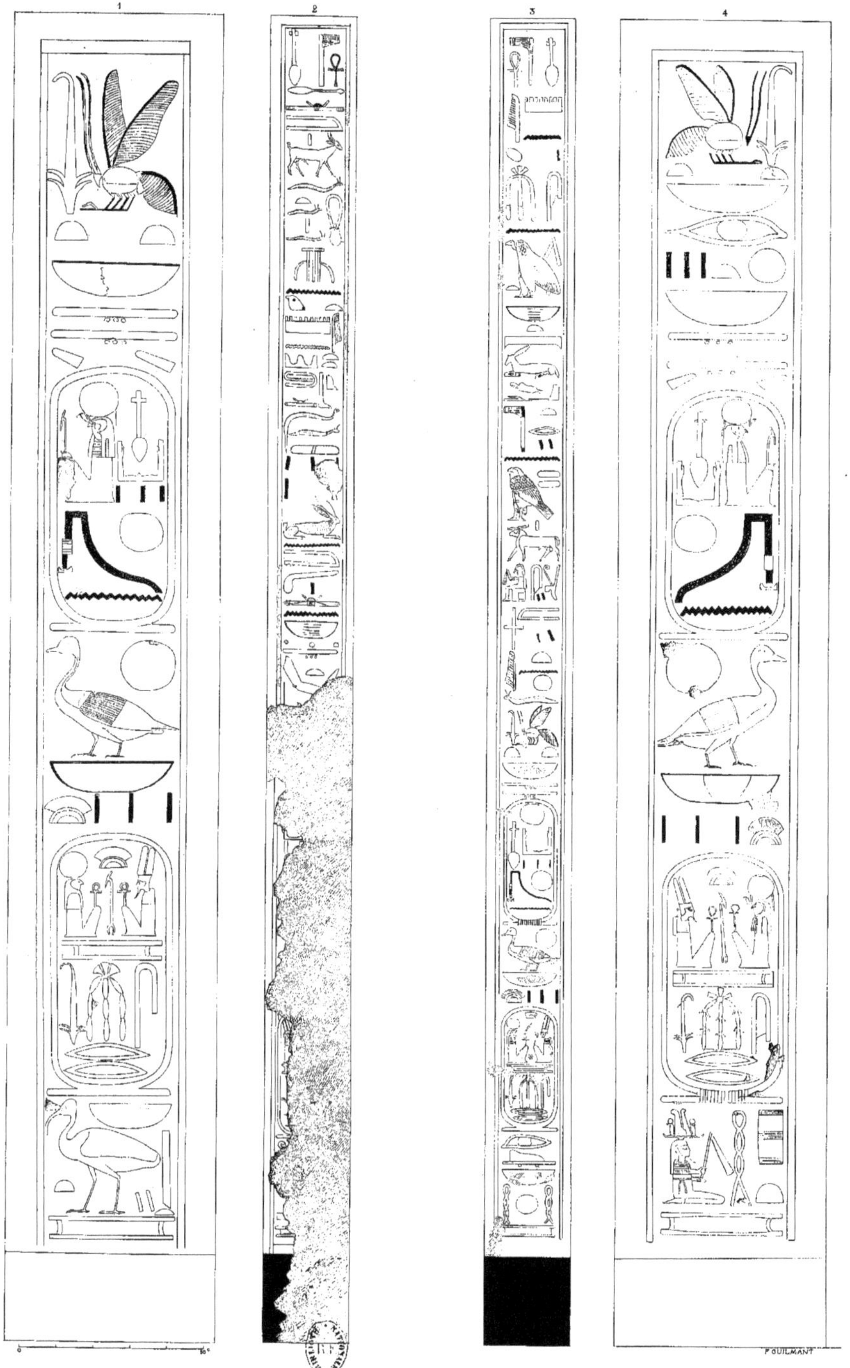

Porte du troisième couloir. Montants de gauche (1, 2) et de droite (3, 4).

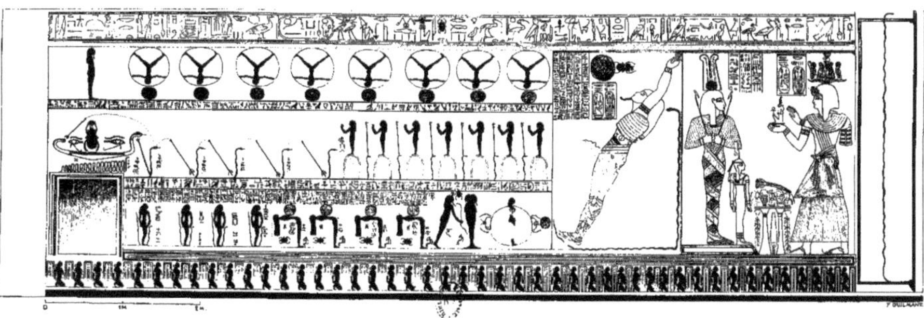

Troisième couloir. Parois de gauche et de droite. Dessins d'ensemble.

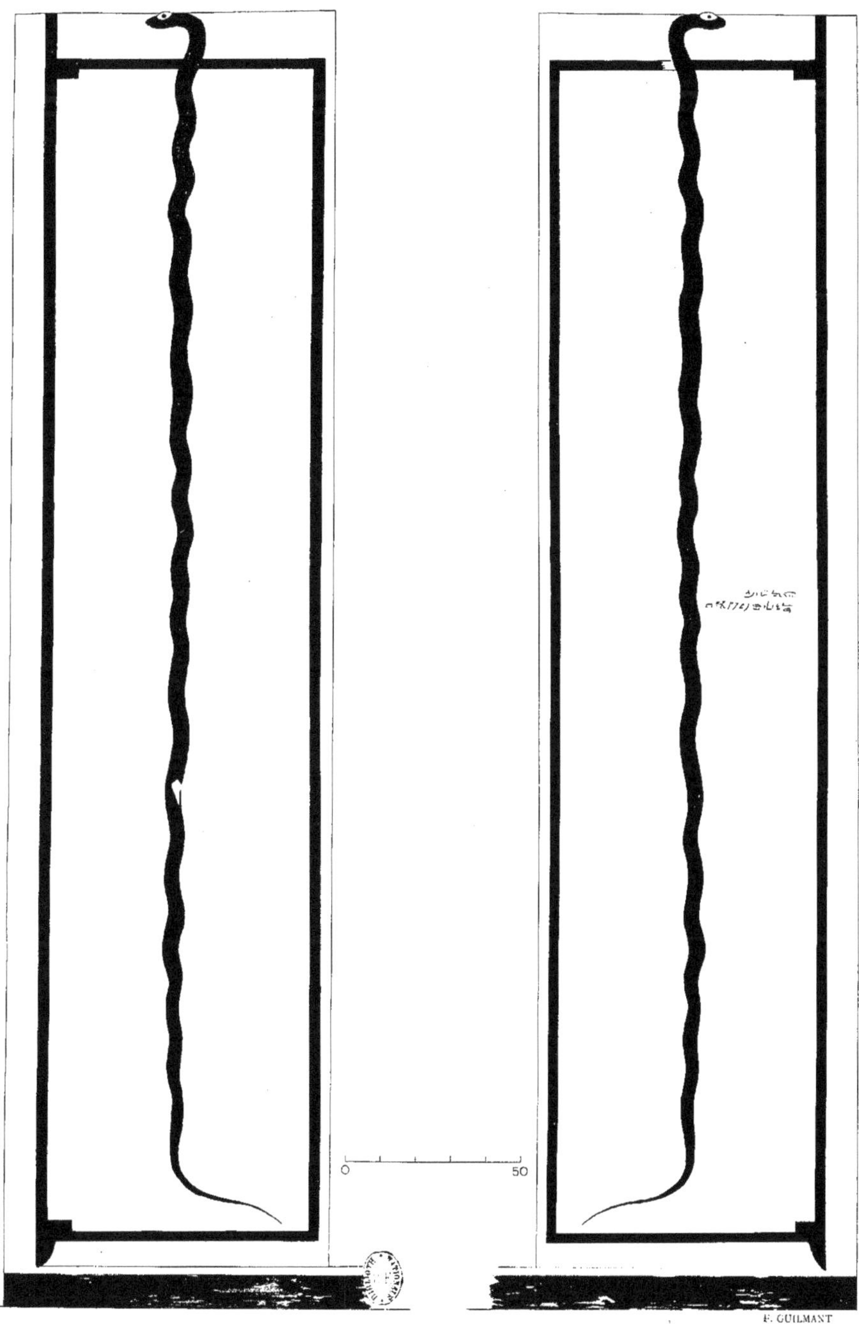

E. GUILMANT

Troisième couloir. Début des parois de gauche et de droite.

Troisième couloir. Paroi gauche. Détails.

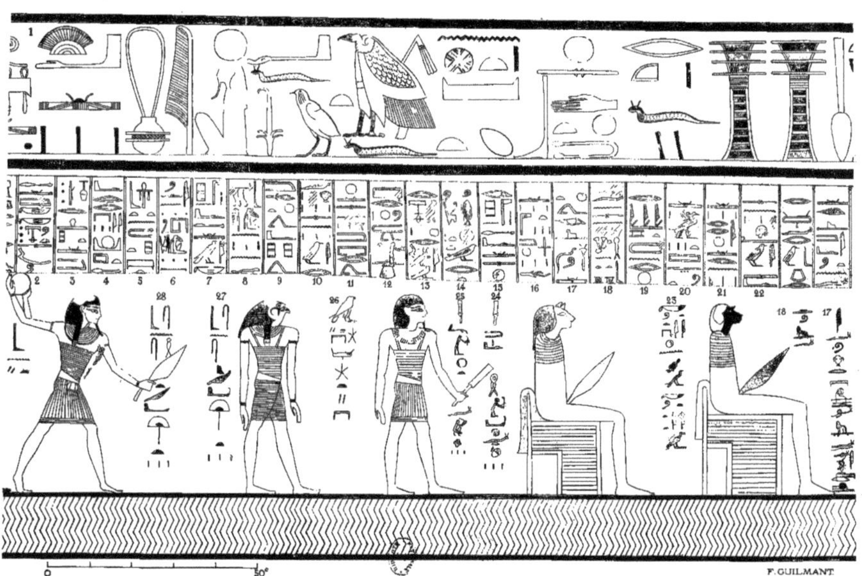

Troisième couloir. Paroi gauche. Détails.

Troisième couloir. Paroi gauche. Détails.

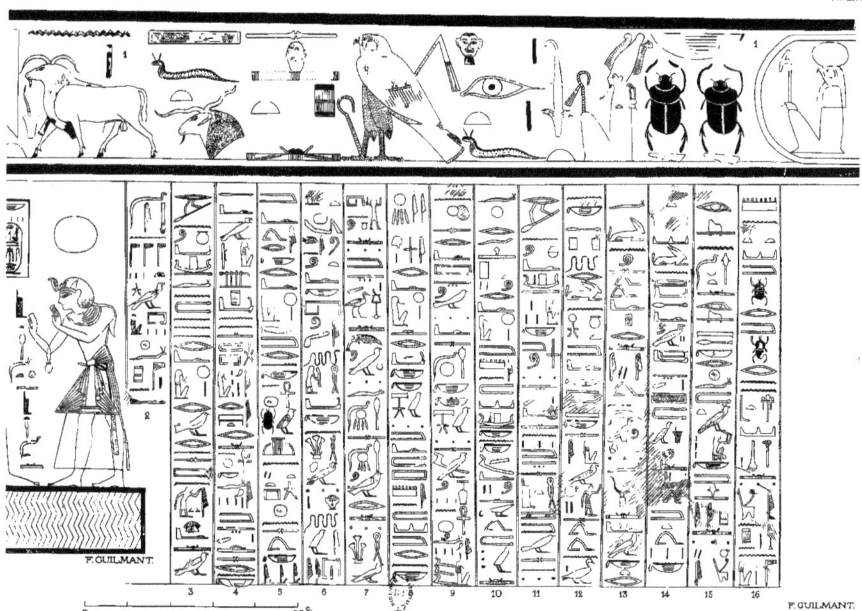

Troisième couloir. Paroi gauche. Détails.

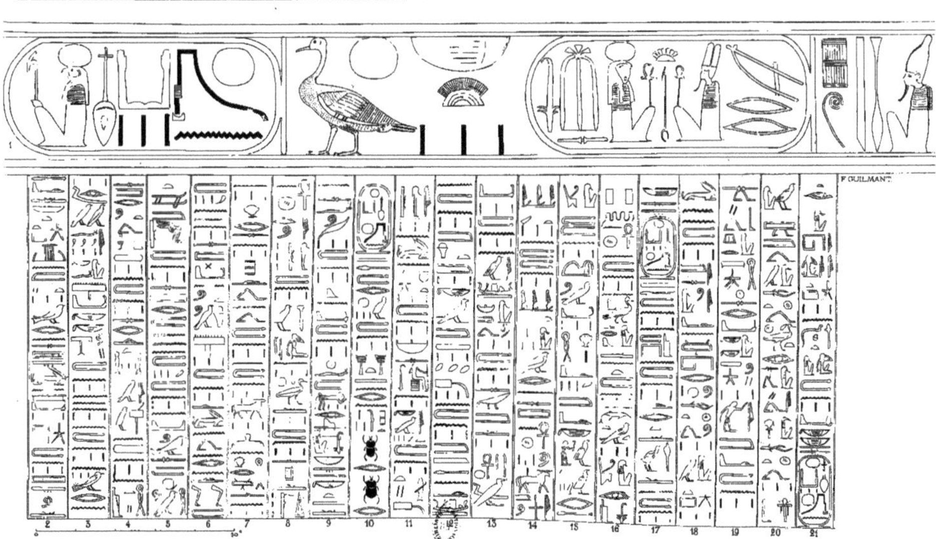

Troisième couloir. Paroi gauche. Détails.

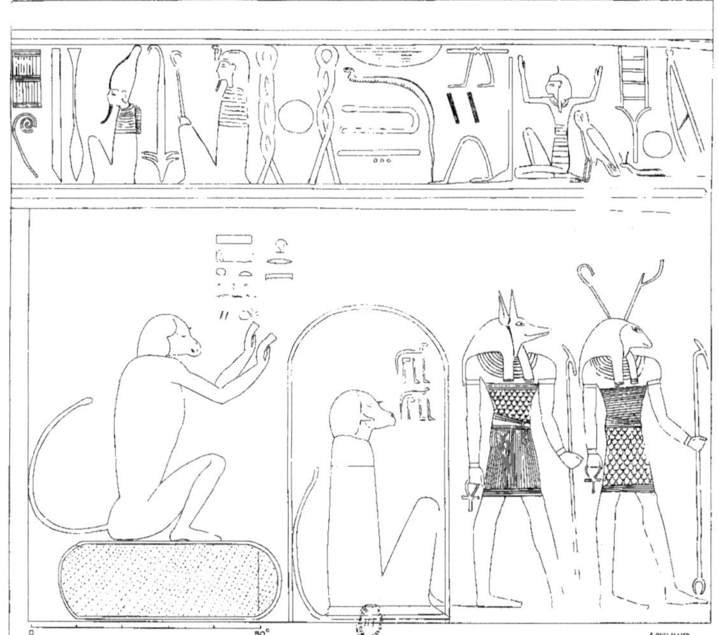

Troisième couloir. Paroi gauche. Détails.

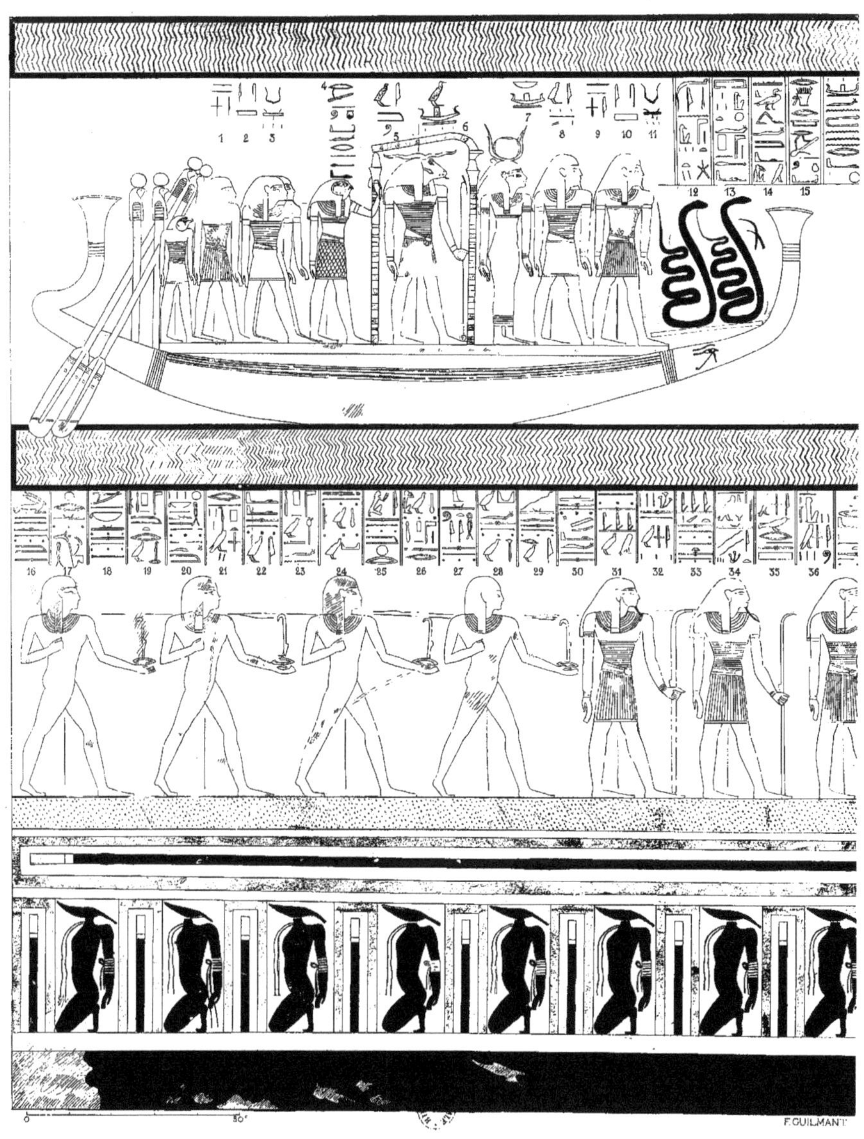

Troisième couloir. Paroi gauche. Détails.

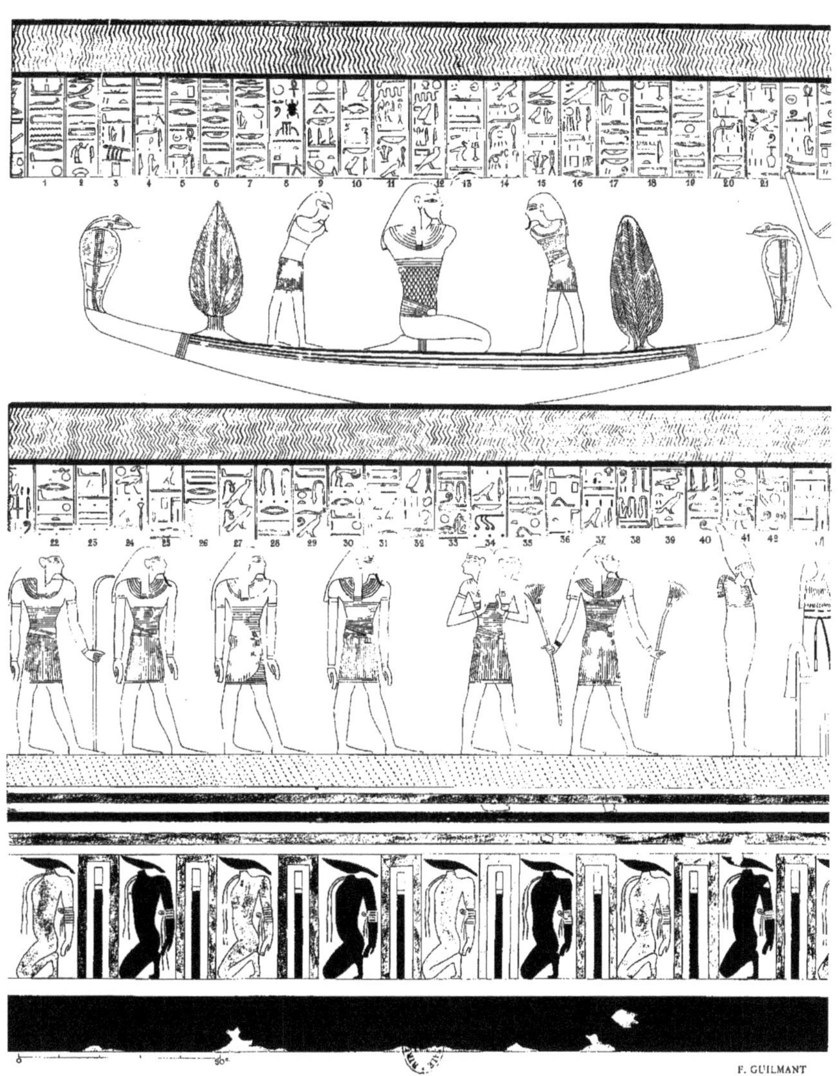

F. GUILMANT

Troisième couloir. Paroi gauche. Détails.

Troisième couloir. Paroi gauche. Détails.

Troisième couloir. Paroi gauche. Détails.

Troisième couloir. Paroi gauche. Détails.

Troisième couloir. Paroi droite. Détails.

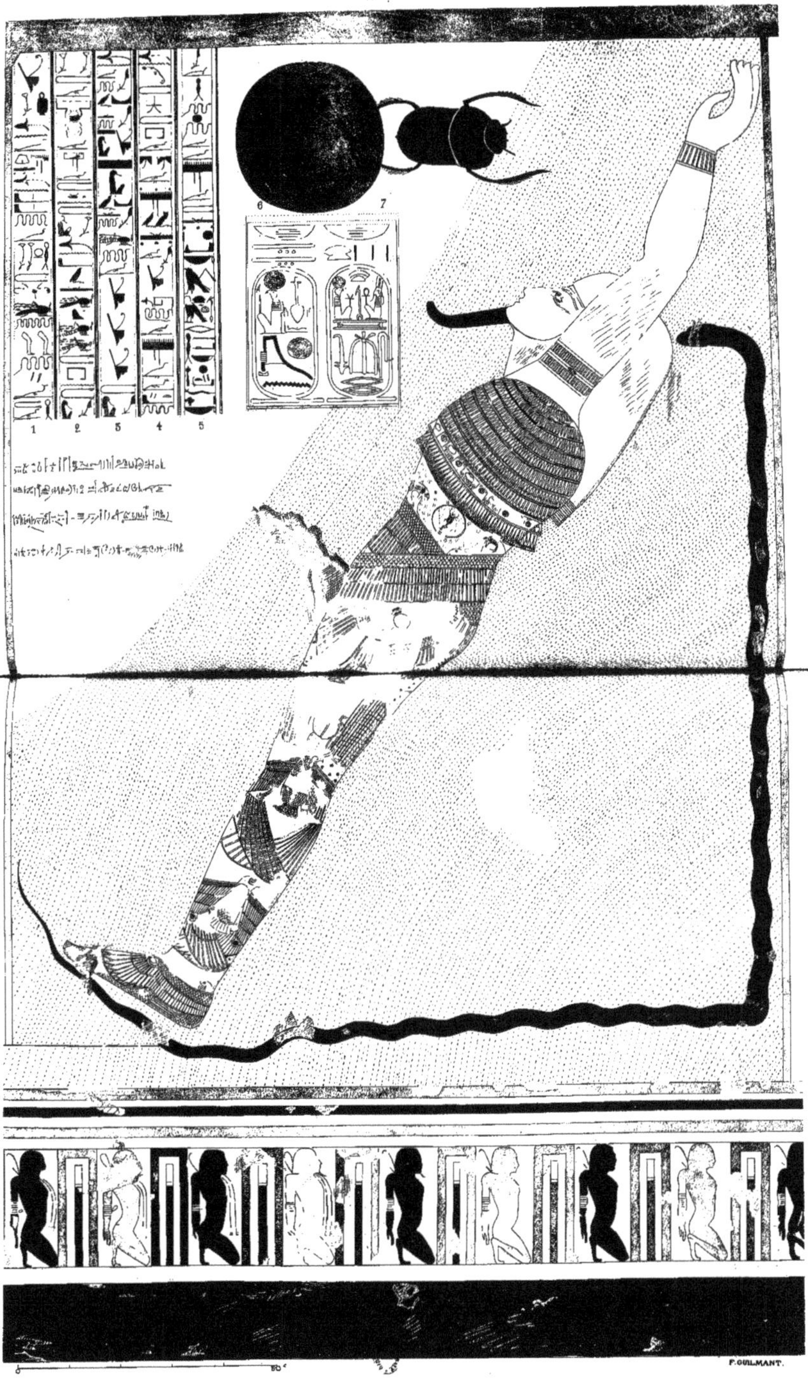

F. GUILMANT.

Troisième couloir. Paroi droite. Détails.

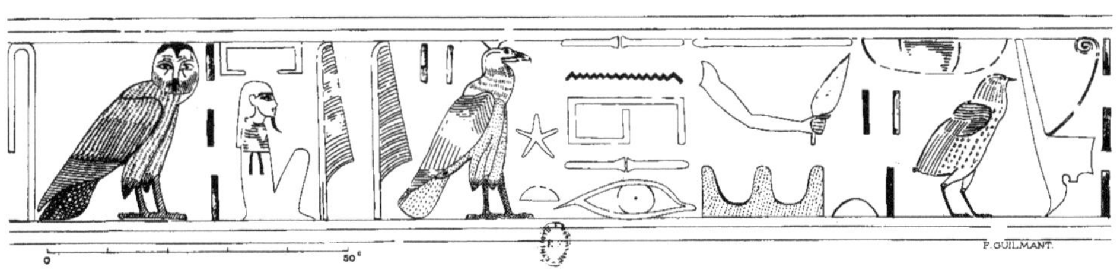

Troisième couloir. Paroi droite. Détails.

P. GUILMANT.

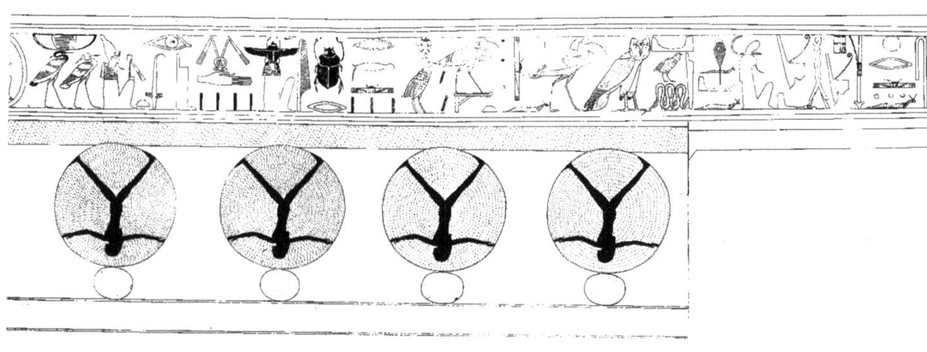

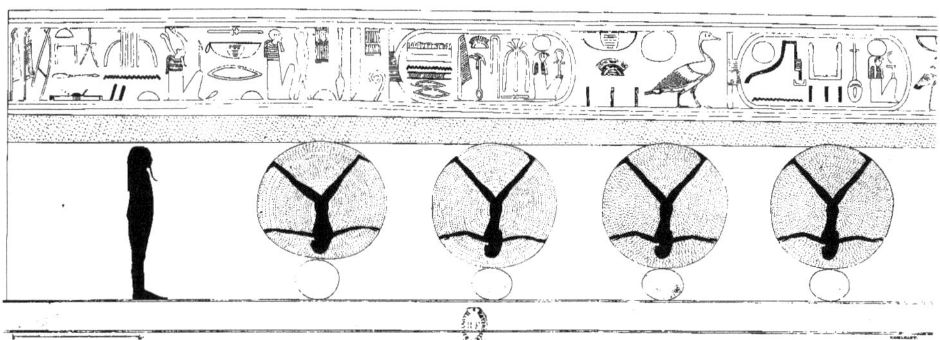

Troisième couloir. Paroi droite. Détails.

Troisième couloir. Paroi droite. Détails.

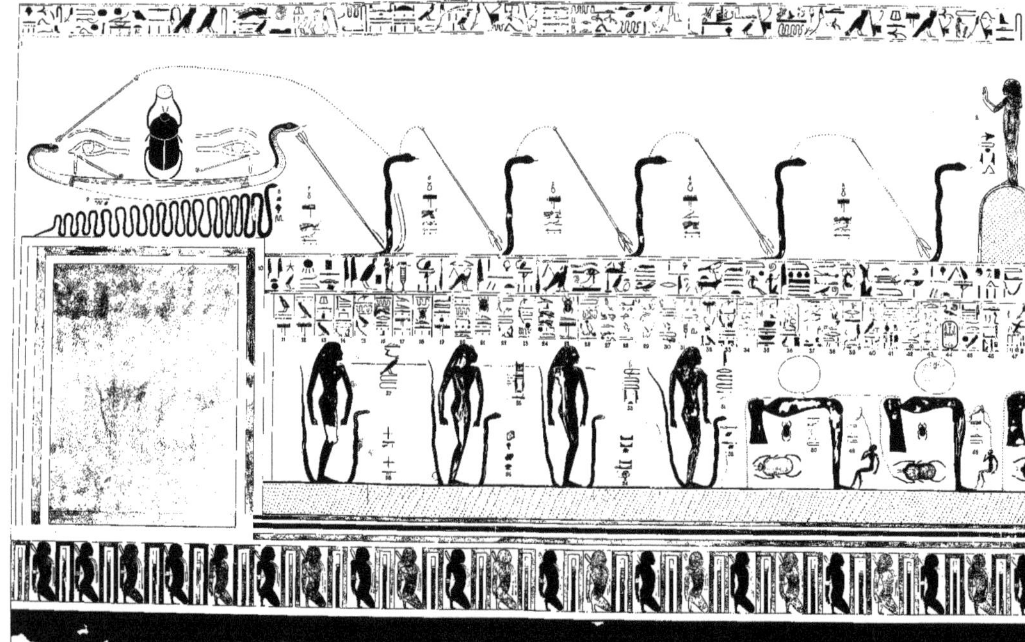

Troisième couloir. Paroi droite. Détails.

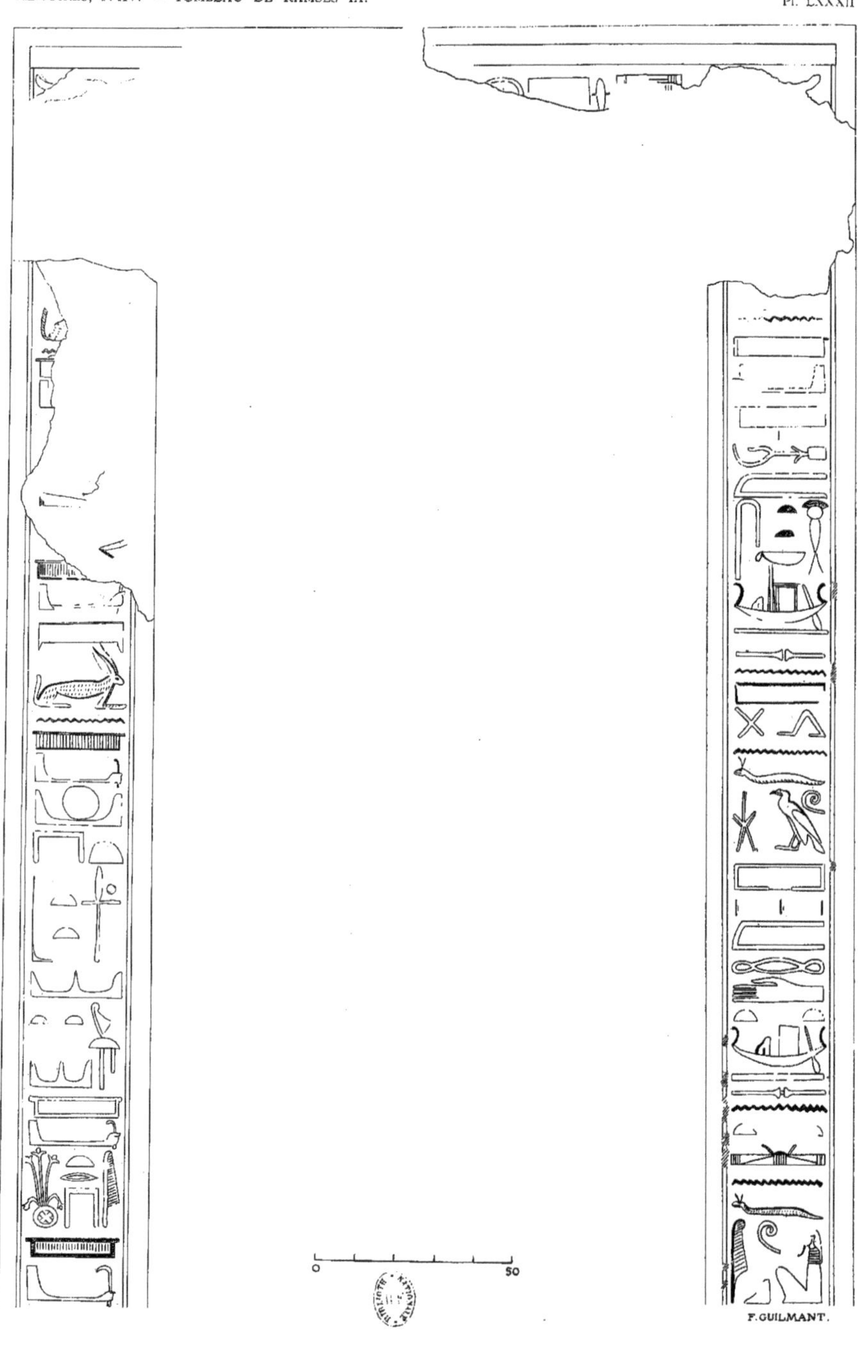

F. GUILMANT.

Porte de la première salle. Partie antérieure des montants (haut).

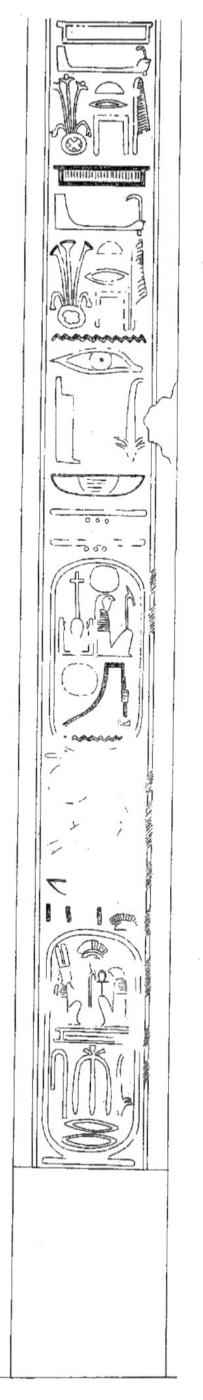
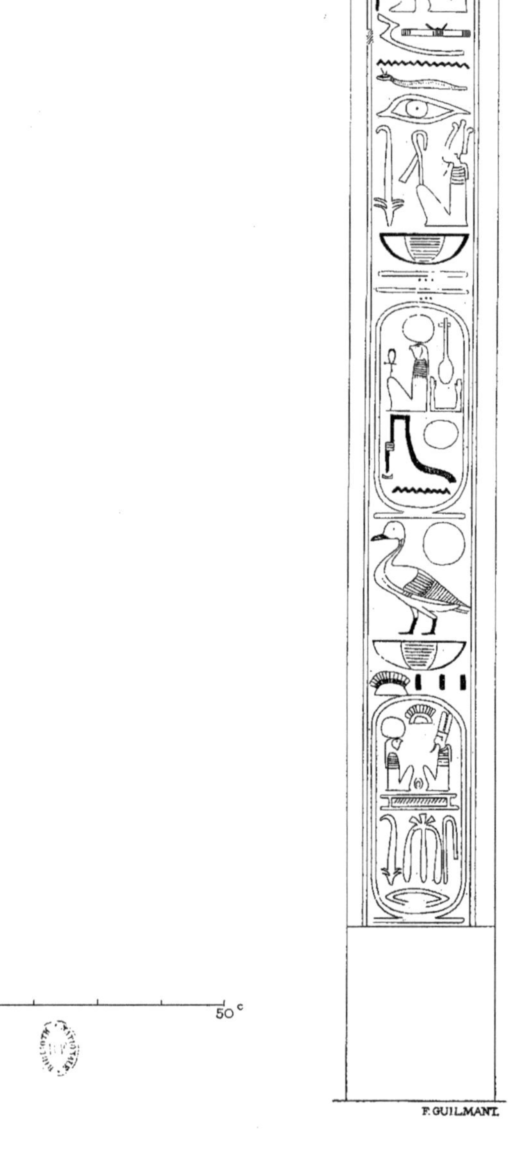

F. GUILMANT.

Porte de la première salle. Partie antérieure des montants (bas).

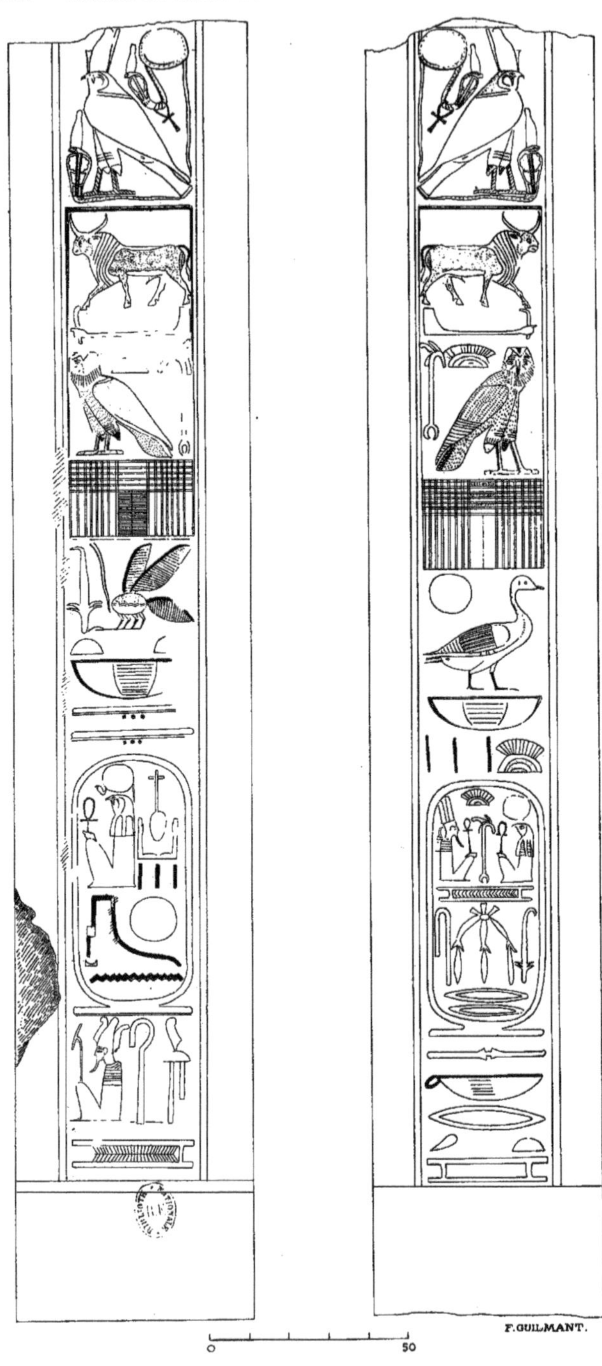

Porte de la première salle. Partie latérale des montants.

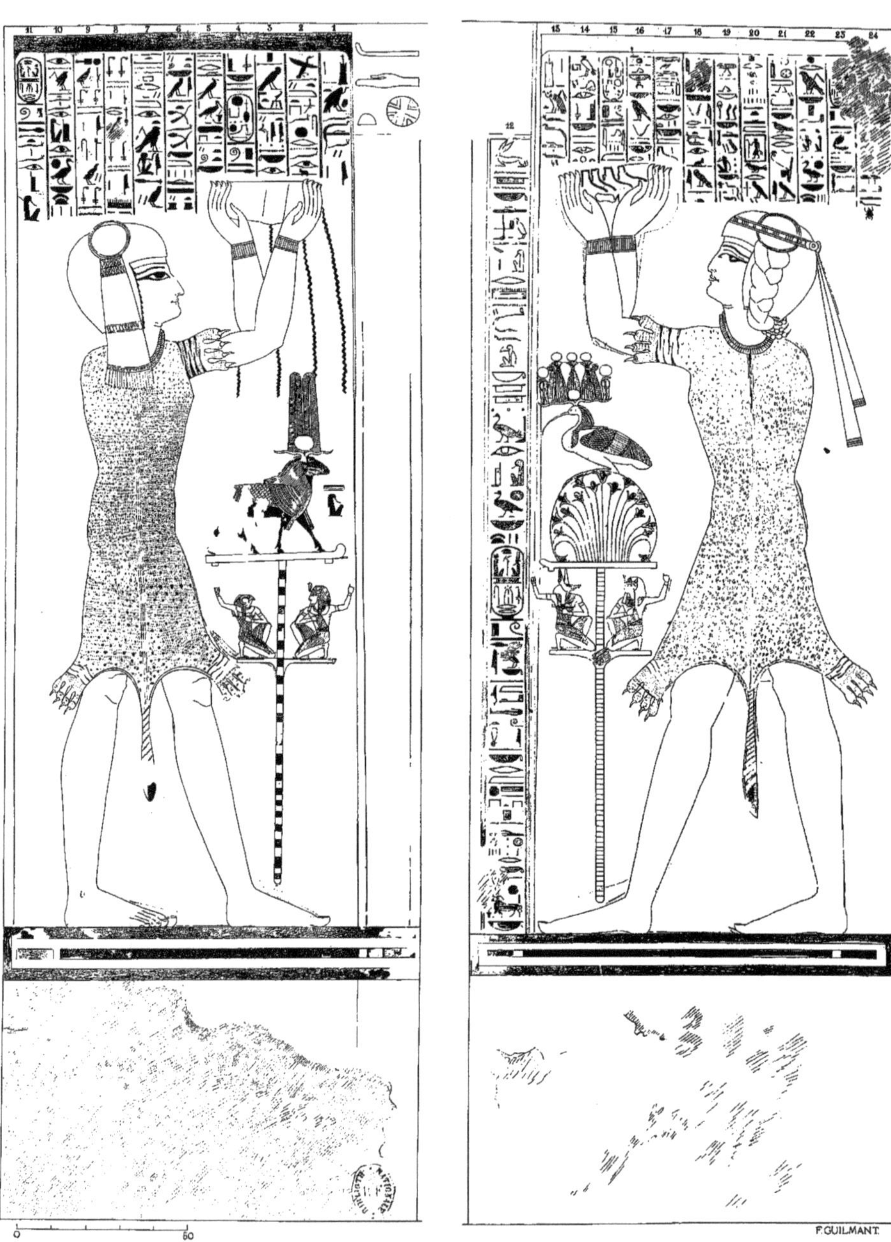

F. GUILMANT.

Première salle. Paroi du fond (à gauche et à droite de la porte).

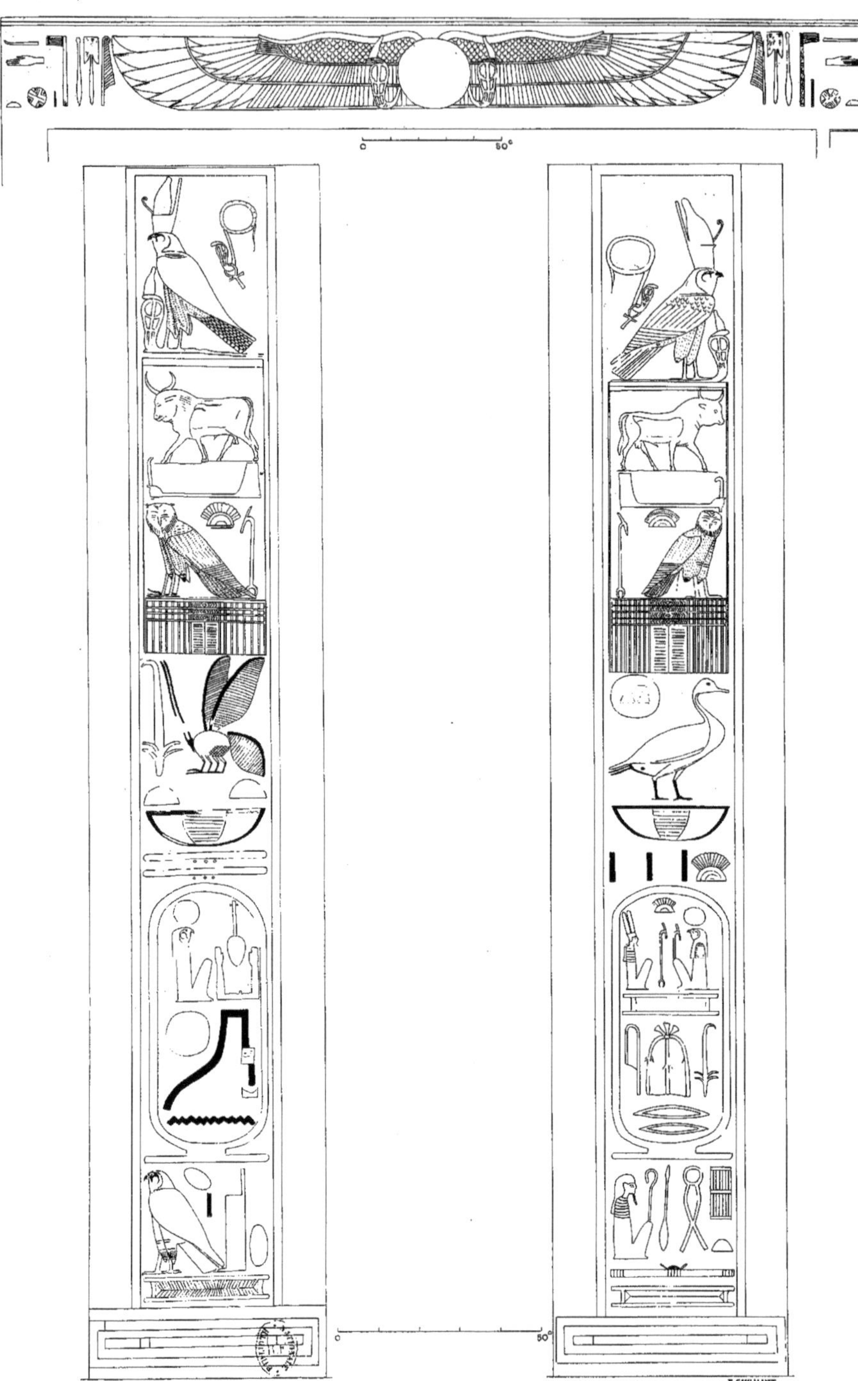

Porte de la seconde salle.

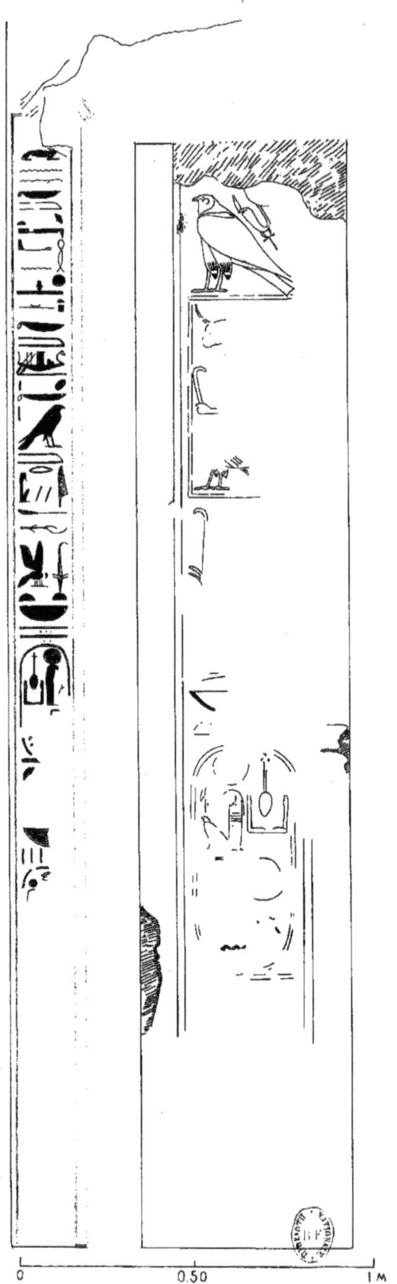

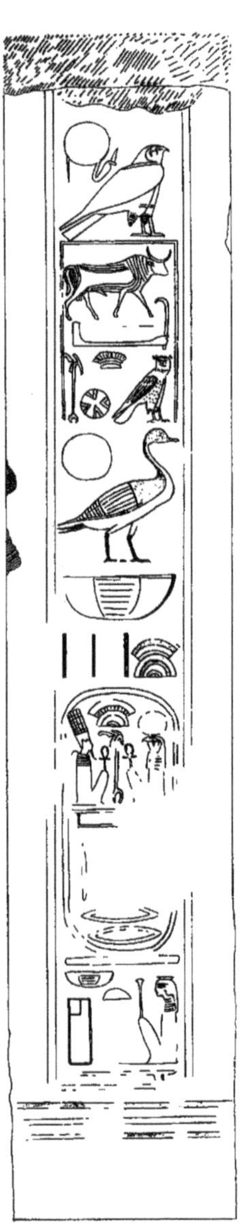

F. GUILMANT

Porte de la dernière salle.

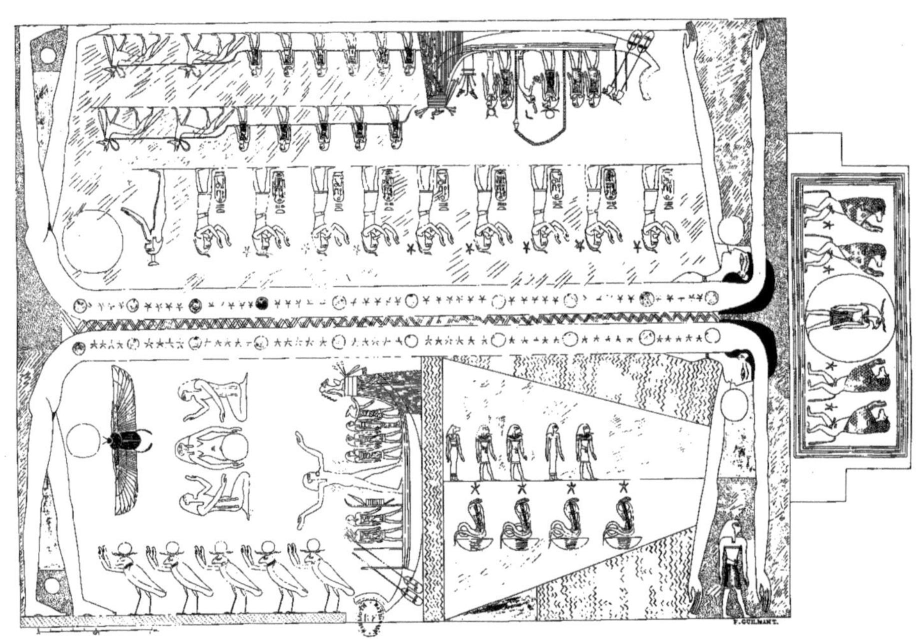

Dernière salle. Plafond et dessous du linteau de la porte.

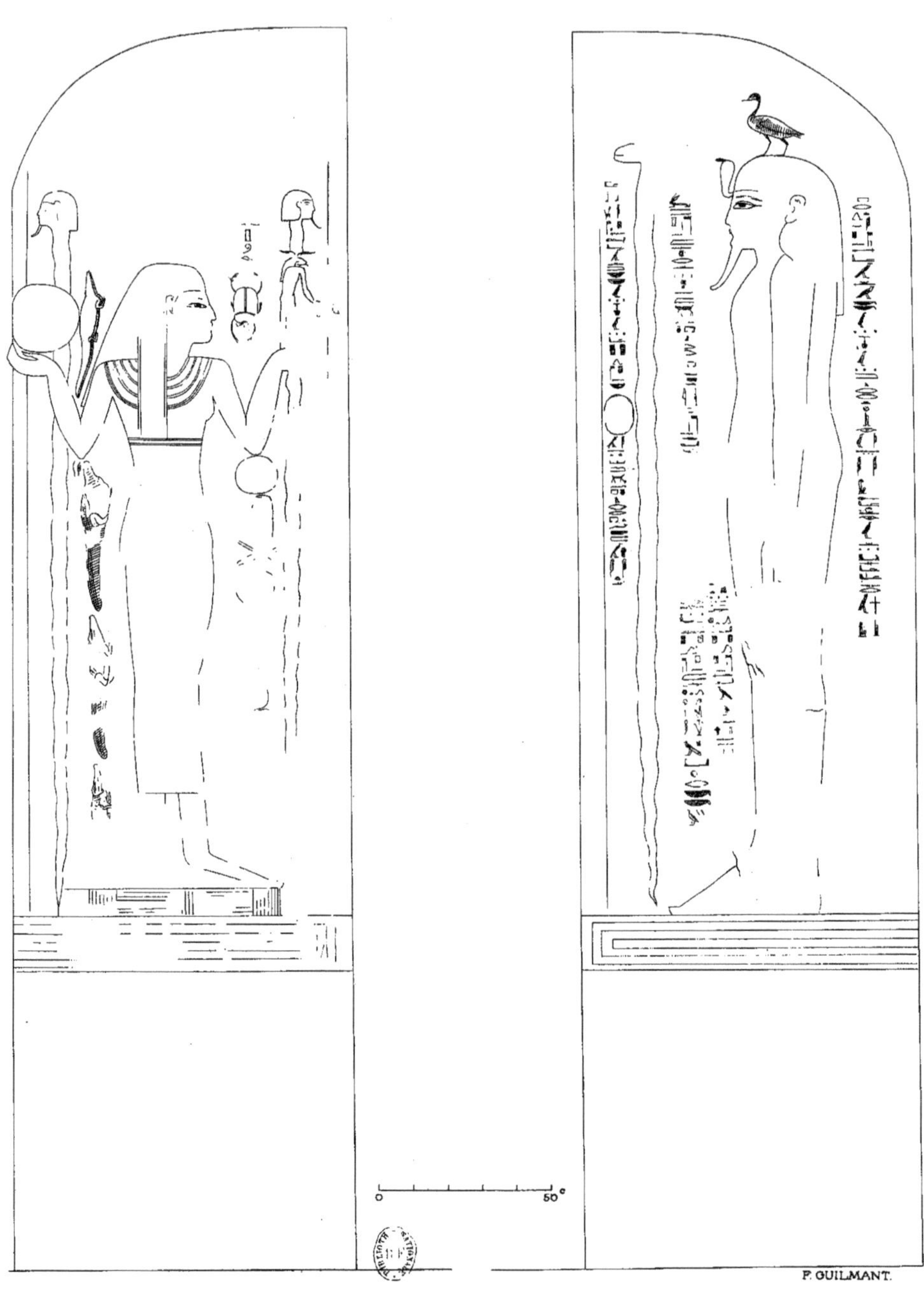

P. GUILMANT.

Dernière salle. Paroi du côté de l'entrée (à gauche et à droite de la porte).

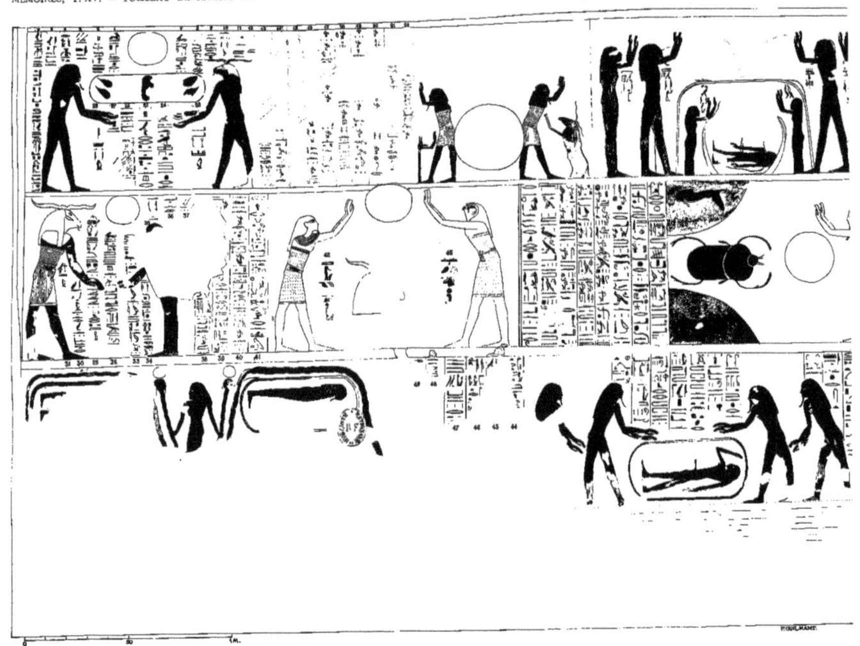

Dernière salle. Paroi gauche (début).

Dernière salle. Paroi gauche (fin).

F. GUILMANT

Dernière salle. Paroi droite

Dernière salle. Paroi du fond

F. GUILMANT

Détails photographiés (= Pl. XXVII).

Détails photographiés (= Pl. XLVII, 3-10).

A

B

Détails photographiés (A = Pl. XIII, 7-8 ; B = Pl. XLI, 6-7).